六年來，
我肩負寶塚星組首席的重責。

有過沮喪、迷惘，
也曾經想要放棄。

但是，
因爲有粉絲、
有星組的夥伴在身邊，
我才能夠成長。

光靠我一個人，
絕對無法克服。

你的「夢想」，
是什麼？

其實，
我在17歲時，
曾經一度放棄了「夢想」。

離開寶塚的這一天，
也是下一扇門開啓的日子。

現在的我，
爲了實現曾經放手的夢想，
正走在一條全新的路上。

夢をかなえるために、私がやってきた5つのこと

從自卑內向到站在舞台頂端，
柚希禮音如何克服挑戰，成為寶塚傳奇？

實現夢想的5種努力

前寶塚星組首席明星
柚希禮音

詹慕如 譯

目錄

第1章 認識自己

第2章 塑造角色

第3章 榮耀團隊

第4章

調整心態

第5章

實現夢想

明天，也要比今天更努力！

台灣的朋友，大家好久不見。

不知道大家過得好不好？

離開寶塚之後，我所寫的書《實現夢想的5種努力》，即將在台灣推出中譯版。這都要多虧了各位的熱情支持。眞的非常感謝。

二〇一五年四月遠征台灣的公演記憶，直到現在還像昨天一樣鮮明。當時熱烈的掌聲、歡聲，至今依然讓我難忘。

日前退團後的首次個人演唱會「REON JACK」，也有許多台灣粉絲遠道而來，給我一如往常的溫暖鼓勵。

這些溫暖總是讓我感動無比，新書能在這個時機上市，我心中充滿了感謝。

這本書如實地紀錄我十六年的寶塚人生中所經歷、感受的點滴。竭誠希望各位一讀。同時也希望閱讀本書的朋友，能發自內心燃起「明天還要更努力！」的動力。
期待有一天能再次在台灣見到大家！

柚希禮音

自序

只要不斷前進，夢想之門一定會開啓

二〇一五年五月十日。

我離開了照顧我十六年的寶塚歌劇團。離開之後，我再次深深體會到自己的幸福，很慶幸曾經是寶塚的一份子。

除了有機會學習唱歌、演戲、跳舞等才藝之外，能夠在前輩和師長們的照顧下，在做人處事方面有所成長，更是我莫大的珍寶。因爲我在這個約四百名團員組成的歌劇團中，學會了規矩、禮儀、上下關係。

寶塚歌劇團由花組、月組、雪組、星組、宙組等五組構成，這五組平均每年會在寶塚大劇場和東京寶塚劇場舉行兩次大型公演（每齣戲的公演次數約四十四至五十五次）。

除此之外，若再加上短期公演，如：寶塚小劇場（Bow Hall）公演、東京特別公演、全國巡演等演出，身爲首席明星的我，一年的演出場次超過三百場。

自從十七歲進入寶塚音樂學校後，直到成爲首席爲止的這條路，可說起起伏伏、迂迴曲折。我曾經數度責怪自己「眞沒用」，也遇過許多挫折的時期。一個人埋頭橫衝直撞，遇到不如意時覺得沮喪失意，導致腸胃炎反覆發作。

擔任星組首席的六年間，由於必須承擔起培育後輩、帶領團隊的重責大任，情況更是嚴重。該怎麼樣才能凝聚團隊成員的向心力？該如何才能懷抱熱情，繼續站在舞台上？每天都是一連串的嘗試和錯誤。

身爲寶塚人，站在豪華絢爛的舞台上，是我們的工作。這是個如夢似幻的世界，卻也是個無法光靠夢想來成就的嚴酷世界。

只要不放棄，就能開啟希望之門

說到寶塚，大家往往會覺得這是個與外界隔絕、受到嚴密保護的特殊世界。不過，不管是我們以音樂學校學生的身分生活，或者是加入寶塚歌劇團，成爲在這個組織中工作的一員，過程中我們一樣會煩惱、會失敗，卻也同時在這當中逐漸成長。

我想就這一點看來，「寶塚」跟一般社會並沒有什麼太大的不同。

我進入寶塚音樂學校之前，對寶塚並沒有太深的了解，剛加入劇團時，對於唱歌和演戲都相當不擅長，可說是個充滿自卑情結的新人。

在本書中，我將如實地回顧過去的我遭遇了什麼樣的障礙，又是如何克服的。

這本書以我在寶塚音樂學校、寶塚歌劇團度過的半生爲主軸，介紹以下幾個主題：

①爲了認識自己，我所經歷的過程。

②爲了塑造角色，我所學習的內容。

③爲了榮耀團隊，我所留心的細節。

④爲了調整心態，我對自己的提醒。

⑤爲了實現夢想，我所重視的價值。

我的人生觀和價值觀都凝聚在這其中。

我是如何打開這五扇門，往下一扇門、下一個夢想前進的？爲了開啓每一扇門，我總是對每一件事堅持到極致、費心思索到最後一刻。

在這途中，我絕對不會輕言放棄。**因為寶塚讓我學會，只要不斷往前進，下一扇門一定會為你開啓。**

除了希望讓各位了解寶塚歌劇團，也希望正在看著本書的你，能再次重拾自己的夢想，與我一起思考該「如何實現」。若透過本書能爲各位帶來改變人生的小小轉機，將是我無上的喜悅。

柚希禮音

前言①

我在十七歲時，會放棄夢想

內向的少女時代

我現在的工作必須站在舞台上，面對兩千多名觀眾表演，不過小學時，我的個性很內向。

上課時老師只不過指定我唸課本，就會讓我滿臉通紅，忍不住掉淚。就算知道答案我也不想發言，所以絕對不會主動舉手。才藝也都學不久，不管鋼琴或任何才藝班，都只有三分鐘熱度。

不過，我喜歡不需要說話、活動身體的事，唯一持續學習的就是少林寺拳法。我父母判斷自己的女兒不是學才藝的料，所以當八歲的我開口要求「想學芭蕾」時，他們也沒有認真看待，只是隨口敷衍：「如果一年後還想學，到時候再說吧！」

然而過了一年之後，我想學芭蕾的意願依然不變，終於如願地開始學古典芭蕾，以往那麼討厭複習、練習的我，開始每天前往距離家中約一個半小時車程的芭蕾教室。

芭蕾的世界裡不需要說話，可以安靜面對自己的身體，而且愈努力練習，就能跳得愈好。我深深沉醉於芭蕾的魅力，覺得此刻的我，原點就在芭蕾當中。

高個子的煩惱

但是升上高中之後，原本個子就很高的我繼續抽高，找不到能在發表會上跟我搭檔的男舞者。

不僅個子高，大手、寬肩膀、粗壯的肋骨，這些都是讓有志成爲芭蕾舞者的我感到自卑的條件。爲了不想再長高，我甚至不喝牛奶……。

更令人沮喪的是，當時其他學芭蕾的朋友們，紛紛決定赴海外的芭蕾舞團留學。

欣賞過來日公演的美國芭蕾，其自由奔放的風格後，我想赴美留學的渴望達到最高峰。我希望能出國留學，心裡沒有一絲猶豫。

不過，當我拿著世界最頂尖的美國芭蕾劇團的申請書，即將赴美之前，父母親突然對我說：「我們還是不能讓千惠（我的本名）出國。」

與寶塚的第一次相遇

有生以來，第一次欣賞寶塚的演出

當時我父母親對我說：「進了寶塚每天都能跳舞喔。出國之前，一定還有能在日本學習的東西。妳就去寶塚學吧。」

直到現在，我才開始了解當時父母親的心情。我家住在大阪，所以從自家就能到寶塚通學。但要讓當時才十多歲的女兒一個人出國，父母親一定非常擔心吧！

芭蕾教室的老師也說我很適合，力勸我進寶塚，對我來說，寶塚就像阻礙我芭蕾舞者之夢的絆腳石。我只是純粹想跳芭蕾，爲什麼非去寶塚不可？那時我心裡覺得很痛苦。

不過，沒有父母親的幫助我也無法留學，才十多歲的我，光靠自己什麼也辦不到。

我不情願地跟著父母親去看了生平第一場寶塚公演。不過，舞台跟想像中不一樣，有趣極了。當天上演的劇碼是由眞矢美季擔任首席的花組公演《失樂園／南十字星》（一九九七年）。

說到寶塚，我一直以為總是上演著像《凡爾賽玫瑰》[1]般描繪夢幻世界的劇碼，不過，實際上演出內容也包括現代戲劇、歌舞秀等。除了芭蕾以外一無所知的我，看到眞矢美季小姐帥氣的舞台後，對寶塚的印象大為改觀。當我看到整齊劃一的群舞時，心想，「如果每天都能跳舞……，那試試也無妨。」

我曾經放棄成為芭蕾舞者的夢想，不過這個決定，卻大大左右了我往後的人生。

成為寶塚音樂學校的學生

我在高中二年級時，進入了寶塚音樂學校。入學之後我才發現，在寶塚要學習的不只是唱歌跳舞。「原來還得學演戲！我怎麼會進到這種地方來……。」心裡悔不當初。

寶塚的學生入學後，必須決定自己要扮演男役（在劇中扮演男性角色）還是娘役（在劇中扮演女性角色）。雖說可以自己挑選，但當時的我並不了解決定角色、上台演戲等事，對兩者都沒什麼興趣。

不過，因爲一七二公分的身高，我後來選了男役。但是類似「我愛妳」這種台詞，我一點也無法理解，也不想說出口，甚至對演戲一點興趣都沒有。

我感興趣的只有跳舞，並不是歌唱跟戲劇……。我馬上就萌生放棄的念頭，但父母親知道後這麼告訴我，「妳能考上就表示有一個人因此落榜，再堅持一下吧。」

當時的我很不懂事，除了熱愛芭蕾之外，對其他事都懵懂無知，是個充滿自卑情結的十七歲少女。

「那就再撐一下吧……。」我暫時打消了念頭，幸好，後來也逐漸覺得課業開始輕鬆了。

兩年後，我順利從音樂學校畢業，以八十五期生的身分進入寶塚歌劇團。我帶著「希望歌唱技巧能更好」的願望，禮讚音樂之意，將藝名命名爲「禮音」。

對我來說，這就是打開實現夢想第一扇門的瞬間。

1.日本漫畫家池田理代子的知名作品，由寶塚歌劇團改編上演後，自一九七四年推出以來，觀賞人數已超過五百萬人，是劇團的經典劇目。

CHAPTER 01

認識自己

我本來可能是個一輩子背負著自卑情結的人，
但是寶塚卻包容接納了所有的我。
因爲勇於面對自己，才讓我更了解自己。
在歷經錯誤和嘗試後，我終於能眞正喜歡及肯定自己，
也包含自己奇怪的地方，然後繼續往前走。

模仿，是最好的學習

對男役感到困惑的日子

被選爲男役時我很驚訝。跳芭蕾時讓我相當自卑的高個子、寬肩、大手，不知爲何全都變成了「優點」。當然，除此之外的其他條件都未達基準線。

我不知道該怎麼看待「男役」這種角色。

很多跟我同年進入音校的朋友，在入學前就已經是寶塚粉絲。嚮往男役而入學的同學們，一到休息時間就會開心笑鬧，「來模仿○○吧」，但我卻一點也不懂他們的笑點。不過，看著她們愉快地談論，同時也在學校的戲劇欣賞會中欣賞過前輩們的舞台，我漸漸了解，每位首席明星都非常帥氣。

我想起當自己全心投入芭蕾的時候，心裡總是會有具體嚮往的形象，例如：

「眞想像那個人一樣，跳得那麼精彩。」

「希望穿上芭蕾舞鞋時，可以表現出漂亮的腿部線條。」

我嘗試也在寶塚的舞台上尋找一樣能讓我「嚮往」的目標，發現一些能刺激我的重點。於是，我開始追隨前輩的背影學習，「那位首席的這些動作，眞的好讓人心動。」、「爲什麼這位首席光是站著，就有一股淡淡的哀愁？」

我試著用自己的方式來「模仿」男役的樣子。

覺得不錯，就試著模仿

從許多前輩身上學習自己覺得好的動作和表現，試著自己編排。這些模仿的累積成爲基礎，漸漸塑造出屬於我的男役形象。**不曉得如何是**

好時，從「模仿」身邊的人開始做起，就能夠了解其中的好處。

一樣的舞台表演，每個人欣賞的角度都不同，也許是帥氣的動作或站姿，也許是視線的移動，都可以發展出獨特的風格。

直到我眞正能享受飾演男役，還得花上好一段時間。不過原本對男役的「萌點」漫無頭緒的我，也因爲「模仿學習自己覺得好的部分」，跨出了通往男役的一步。

勇於面對自己的自卑情結

學會突顯優點，讓自己更漂亮

寶塚的舞台妝全都要靠自己完成。這讓我有點驚訝，因爲我原本以爲會有化妝師幫忙。

在舞台上看來特別醒目的大眼睛、說台詞的鮮豔紅唇，都得靠自己化出來，所以每位學生必須仔細掌握自己的臉部特徵。

起初，每個人都沒有化妝經驗，不過前輩和老師都會指點化妝的方法。「妳鼻子小，最好在這裡上點鼻影。」漸漸地，我也耳濡目染開始學會發揮自己長相的優點，化出適合角色的妝。

我的前輩和同學中有許多典型的「美女」，我向來覺得自己長得並不算美。但是我學會了不逃避自己討厭的部分，誠實面對自己的外貌，研究如何彌補這些不完美。

以我自己來說，我的頭兩側有點凹，必須梳個頭頂部分高一點的髮型。我也是進入寶塚之後才知道自己的顴骨比較突出，所以學會了上腮紅，讓自己的臉型看起來更俐落顯瘦。

另一方面，前輩們也告訴我，「眼睛」是我五官中最有魅力的部分，因此我會在眼妝上下工夫，讓觀衆一眼就能將視線集中在我的眼睛。

人的心態，會反應在臉上

比起化妝，我更重視研究自己的心理狀態。

人的心態會反應在臉上，回顧自己的照片，懵懂時期的表情很呆滯，辛苦時期的眼睛則往上吊，一臉凶惡。連我自己都很驚訝，原來每個時期的狀況和心理狀態，會帶來這麼大的表情差異。

因爲工作的關係，我們的長相會根據扮演的角色而不同。我想這跟大家在工作場合及私人時間會有不同表情，是一樣的道理。

從新人時代到成爲中堅、首席後的長相當然不同，隨著化妝技巧的提升，自己看著這些變化也覺得很有趣。在工作中獲得愈來愈多的成就感和責任的同時，外表看起來也更加成熟洗練。

當時不少人看到這樣的我，開始傳著「柚希禮音是不是整形了？」換個角度看，我也不難理解這些謠言。

原本令我自卑的體格派上用場，令我自卑的臉又可以利用化妝來彌補。我本來可能是個一輩子背負著自卑情結的人，但是寶塚卻包容接納了所有的我。

就是在這時候，我發自內心慶幸自己進了寶塚。**因為勇於面對自己，才讓我更了解自己。**

用發自內心的情感來演戲

什麼是演戲？

入學之後，演戲和擔任男役這兩件事一直讓我很不安。這堵高牆一直擋在我面前。我有樣學樣地演著男役……，但總覺得不自在。

學校裡的第一堂戲劇課是從《馬克白》這齣知名戲曲開始，陸續上了許多堂以深刻心理描寫爲主軸的莎士比亞作品。

對戲劇一竅不通的我，既不懂那些糾結複雜的人際關係，也無法自然地說出「沒有你我活不下去」這種令人難爲情的台詞……。心裡一直不知該如何是好。

演戲要帶情感，並非只是唸台詞

直到入團第三年，演出了《伊哈托布之夢》（二〇〇一年）裡札涅利這個角色，給了我跟以往不太一樣的感覺。

札涅利這個角色彷彿眞有這樣的人存在，感覺跟我很像，是個不太成熟的男孩。戲中既沒有困難的表現，也沒有令人害羞的台詞。他逞強欺負朋友，最後朋友死了之後深刻反省，這些情感的變化比起在課堂中學過的戲曲，更容易瞭解。

我徹底融入角色扮演著札涅利，漸漸發現自己的情感開始有了變化。札涅利的心情和我的心情同步，讓這場戲更有眞實感。

直到演出結束，我有一種角色降臨在自己身上的奇妙感覺，這才慢慢發覺，「原來演戲必須投入自己的感情！」此時，我才眞的體會到演戲的眞諦。

絕不因「不擅長」就逃避

令人緊張的「新人公演」

寶塚歌劇團在大型公演期間中，會在寶塚大劇場和東京寶塚劇場各舉辦一場僅有一天的「新人公演」。新人公演只有入團未滿七年的資淺團員，才能參與演出。

服裝和小道具都是向正式扮演該角色的學姐借用。就連坐姿都得研究原角是怎麼詮釋角色、根據什麼決定這樣的坐姿，然後盡量模仿，在舞台上實踐，可說是個很刺激緊張的學習機會。

儘管還稱不上是頂尖的寶塚學生，但是很幸運地，我一入團就有機會獲得引人注目的角色。

拿到這個遠高於我實力的角色，在全力以赴的過程中，每次都會有新發現，也讓我漸漸對演戲產生興趣。

在《玻璃的風景》（二〇〇二年）的新人公演中，我被分配到米拉警部這個角色，這個角色原本是由安蘭慧小姐所扮演，她的歌唱實力堅強，眾所皆知。

原角的安蘭小姐走下舞台之後有一段影子獨唱（演員不現身，在舞台後方唱歌），不過這段影子獨唱並非以戲中角色的身分，而是以「安蘭慧」的身分在演唱，算是這齣作品的賣點之一。

換角危機，讓我決心改變

但是在排練時，我的影子獨唱部分實在上不了檯面，於是大家決定：「柚希歌唱得不好，這裡不能讓妳唱。反正這一場跟戲中角色沒關係，就請其他擅長唱歌的同學來唱吧。」

原來真有被換角的可能……。

我大受打擊，好像被迎頭敲了一棒，除了深切感受到自己的能力不足，也有了危機意識。

「這次失敗了，下次就再也拿不到角色了。」

我之所以能大方地站在舞台上跳舞，是因爲我爲了消除心裡的不安，徹底努力練習過。都是因爲我全心專注於自己喜愛的舞蹈、逃避不擅長的歌唱，才導致這樣的結果。

因此我開始加強特訓，不管是唱歌、演戲或跳舞，都要有相同程度的練習。後來又請導演們聽了一次我的練習結果，好不容易才爭取到讓我自己唱這段歌。

「我想把歌練好，得更努力才行！」因爲這個事件，讓我發自內心這麼想，也大大改變了我面對唱歌的態度。

遇到難關時，告訴自己「我可以」

第一次在新人公演中擔任主角

隔年，在《獻給王家之歌》（二〇〇三年）的新人公演中，我第一次獲得主角埃及將軍拉達梅斯這個角色。這齣作品是以義大利歌劇作曲家威爾第的《阿依達》爲基礎改編，以歌串連的音樂劇。

此時，距離前篇所說的影子獨唱換角危機，大約經過一年左右。

儘管如此，老師和星組還有其他了解我歌唱實力的人都不免擔心，「柚希能唱嗎？」

但是我燃起的決心一發不可收拾，就算無法唱得像原角，也就是當時的星組首席湖月和多留小姐那麼好，我還是好想唱、好想嘗試這個角色，我不想放棄。

這是第二次讓身邊的人擔心我的歌唱能力。負責劇團歌唱指導的楊淑美老師除了歌曲外，還手把手地指導我如何融入角色。如果不利用現在這個機會提升我的歌唱能力，再也不會有下一次機會，這讓我比前一年更認真地面對這個問題。

劇團裡的課程時間有限，因此我決定另找家教。除了劇團裡的老師，還有其他幾乎每天聽我唱歌、在背後支持我的其他老師。

從「不擅長」到「樂在其中」

當時新人公演的排練在晚上十點結束，之後我前往家教老師家，開始徹夜上課。

聽到送早報的機車聲時，時鐘的指針指向早上五點，我這才慌張回家，從六點開始睡三、四個小時，十一點開始演出。這樣的日子持續了一段時間。

埋頭練習的結果，我的歌唱能力也漸漸進步。

「原來有這麼多不同的唱法！」

「本來以爲我唱不到這個音程，但是用老師教的方法後，我竟然唱出來了！」

這些驚奇跟我學習芭蕾時的喜悅是一樣的。只要練習時一心想著，「我要跟最崇拜的湖月小姐唱得一樣好！」連最不擅長的歌唱也變得好愉快。眞沒想到我也會有這種感覺……，我和老師都莫名地湧現信心。

「沒問題的，試試看吧！」我心中充滿了希望。

現在回想起來，當時的喜悅只是短短一瞬間，馬上又遇到了下一個難關……。因爲我對自己沉迷於歌唱的興奮，還有對角色的熱愛，總算能闖過在新人公演中，飾演拉達梅斯的這一關。

當下解決，不把問題帶回家

與我命運相連的愛犬俏可

成爲寶塚少女後的五、六年間，我並沒有特別區分劇團的工作和私生活。回家後一樣會讀劇本、看樂譜，二十四小時都是「柚希禮音」。當時由於一直持續和壓力並肩，長期處於緊張狀態，經常引發腸胃炎，每三個月就有一次半夜會叫救護車送醫。

入團第六年，我一直對自己的身體狀況很煩惱。那時候我經常去逛寵物店，讓心情獲得舒緩。抱著可愛的小狗，就能讓我暫時忘卻舞台和排練的嚴酷。

持續一段時間後，某天，我遇見了現在飼養的這隻長毛吉娃娃。

小時候家裡曾養過狗，其實我一直都很想再養，不過離家獨居後，很少有自己的時間，我一直覺得應該不太可能再養寵物。

店裡的狗每一隻都很可愛，但我最後看上的是這隻直盯著我眼睛的長毛吉娃娃。

我突然想通了，「這一定是命中注定的邂逅！」因此決定把牠帶回家。小小身體的牠總是慌慌張張地到處跑，於是我便替牠取名叫「俏可」[1]。

工作時全心投入，休息時徹底放鬆

在那之後，我的工作比以前更加繁忙，但是因爲有俏可的陪伴，讓我的身心得以處於一個平衡的狀態。

我需要一段時間，重回原本名叫「千惠」的自己。當天如果有未完成的功課，我會在排練場中解決，回到家後就暫時忘記舞台的一切，享受跟俏可共度的時間。

當天無法解決的功課盡可能地處理到一個段落後回家，然後隔天再早起到劇團重新面對。這樣的生活持續一段時間後，我發現晚上因爲疲憊始終記不住的舞蹈動作，也能在排練場中有效率地記住。

遇見俏可是一個很重要的分歧點，牠讓我之後的生活過得更加充實。是俏可提醒了我，原來不知不覺中，我一直在勉強自己。

工作時全心投入，休息時好好放鬆。俏可是我不可或缺的好夥伴，教會我切換工作和休息模式的重要性。

1. 原文ちょこ，取自日文的慌慌張張（ちょこまか）。

專業舞台人該有的意識

嚴格，是理所當然的事

我從九歲開始，學了八年的古典芭蕾，並不是單純爲了享受學習才藝的樂趣，而是爲了成爲專業舞者所接受的正式課程。

下課後，我會馬上寫完回家功課，便到芭蕾教室上課，每天都泡在芭蕾教室裡，直到過了午夜才回家。腳上穿著沾染著指尖滲血的硬鞋，爲了能達到理想中的表演，不斷拚命練習。

芭蕾課讓我從小學時就了解到，「嚴格練習是理所當然的」。所以我從來不覺得寶塚音樂學校裡的課程嚴格，但是學校在日常生活上的嚴格管教，卻讓我非常驚訝。

入學後，前十天先學到的包括：

- 受到責罵時不說「對不起」，要說「非常抱歉」。
- 在學姐面前不可以打噴嚏或咳嗽。
- 要爲同學的失敗負起連帶責任。

我在十多歲時，就被灌輸了許多規則。

學會忍耐，讓舞台表演更出色

剛入學後沒多久，學校帶我們拜訪位於兵庫縣的陸上自衛隊伊丹營區（類似國防組織的單位），接受了縱隊和敬禮等訓練。當時我並不清楚爲什麼要到這裡來接受指導。

等到我站上舞台才發現，所有的訓練都跟「專業舞台人」必須具備的動作儀態有關。

比方說，透過「想哭也不能哭出來」的鍛鍊，就算在私生活中發生不愉快或親人有什麼不幸，一旦站上舞台，還是能堅強地露出幸福笑容。

又或是遇到劇中凝重的場面時，就算想打噴嚏，也能靠毅力忍住。排舞中整齊劃一的抬腿動作和在大階梯上的黑燕尾群舞，都會自然而然地產生可媲美軍隊的一致感。

自衛隊和寶塚，這兩個世界看似完全無關，但是在自衛隊中所學會的技巧，卻對我們未來的舞台表演有所幫助。這讓我再次認知到寶塚教學的深奧。

不必要的自尊心，容易阻礙挑戰

太在意表現，也是一種阻礙

成爲劇團成員五、六年後，開始覺得工作愈來愈有趣，漸漸承擔起重要任務，同時，也多了許多學妹。

「想在學妹面前表現出好的一面」，這種不必要的自尊心，阻礙了自己的成長。我想不管在任何領域都會遇到這樣的情形。

當我的演技和舞蹈有了進步，開始在意學妹眼光後，便遇上這堵所謂的「中堅障礙」。

在排練場的練習並不是爲了讓學妹們覺得我很厲害，而是爲了在觀衆面前表演才有的課程。所以在排練場失敗、丟臉其實都無所謂，可是在這堵障礙阻擋下，爲了不讓學妹覺得「奇怪」，往往不敢把心裡所想的發揮到極致。

只求在排練場能表現出色的「排練場之星」，會漸漸怯於挑戰，終究無法成爲眞正「出類拔萃的頂尖明星」。

「希望在排練場的學妹們，都能覺得我的表現很棒。」有這種被觀看的意識並不是壞事。但是過於執著於這點，就會不敢嘗試新挑戰。

「在排練場丟臉也無所謂，我想試試另一種方式！」喪失這樣的挑戰心後，就會進入守勢，凡事只求安全過關。簡單的挑戰，終究只能帶來「還算可以」的表現。

排練是為了完美演出，並非個人秀

接受老師或前輩的嚴格指導時，有些人會因爲在學妹面前被罵而懷恨，遷怒老師或前輩。我也曾有過那段時期，很能了解這種心態。

在排練場中如果不集中精神在自己身上，好好練習，往往會影響到正式演出的表現。爲了在正式演出時能有最理想的狀態，我放棄了在排練場求表現的念頭。

我當上首席之後，一樣在排練場中放任想像力的發揮、有過許多大膽嘗試，有時候導致整場戲效果不彰，讓人不禁惋惜大嘆，有時候也會引來大家一陣爆笑。

但是在排練場不在乎他人眼光的練習，卻能提高正式演出的完成度。我敢篤定地告訴大家，**反覆嘗試失敗，能培養「專業級的毅力」**。

來自第二名的壓力

超乎實力的拔擢

入團第九年的春天，我終於擺脫了微妙的中堅時期。這是我的寶塚生涯中，苦於深刻自卑感的時期。

隨著安蘭慧小姐就任星組首席，我從《櫻花／秘密獵人》（二〇〇七年）起就任二番手男役（指身分僅次於首席男役的第二男役）。安蘭小姐，也就是瞳子學姐（瞳子為其本名），是高我八期的大前輩。

任誰都能一眼看出我們之間的實力差距。

未當上二番手男役前的我，滿心沉浸於跟大家一起打造舞台的樂趣中。但是成為二番手男役後，劇團開始在我身後催促，「快想想辦法拉近跟首席間的實力差距。」

我滿腦子都是焦急，完全無心享受舞台的樂趣。粉絲給我的支持固然讓我覺得溫暖，但我同時也感到一股無言的壓力，「為什麼柚希只是二番手呢……？」

不稱職的二番手

二番手男役除了在舞台上要輔助首席，也必須負責連接其他組員們跟首席間的橋梁工作。

但是我只顧著追趕瞳子學姐的背影，根本無暇輔助首席，有我這麼一個不稱職的二番手男役，我想瞳子學姐一定很辛苦吧！

那段時期，我非但無力思考自己想當什麼樣的二番手男役，更無法冷靜客觀地反省自己。

無法融入角色，造成一連串的失敗

找不到共鳴的陰暗角色

屋漏偏逢連夜雨，此時給我的另一個打擊就是在《紅花俠》（二〇〇八年）這齣作品中，扮演法國革命政府的蕭弗朗一角。

蕭弗朗是我第一次嘗試真正的反派角色，出現在舞台上的時間和歌唱量也遠超過以往。我身上的責任頓時變得沉重無比，這是一場不容失敗的公演。

當時第一次合作的導演小池修一郎老師，他要求我徹底表現出這個角色內心的陰暗扭曲和落敗感，這都是我以往未曾嘗試過的表演。

蕭弗朗根深蒂固的抑鬱跟我自己的人生實在相距太遙遠，幾乎找不到能有共鳴的部分。無論怎麼在演技上下工夫，也只是淪爲膚淺的表面技巧。爲了更了解角色，我接受了徹底的指導。

「把角色帶進自己的私生活中。」從那之後，我開始在休息時間遠離人群，一個人躲在旁邊的角落。回到家中看到愛犬俏可的可愛動作，忍不住要噗哧一笑時，還會自言自語地責備自己，「不行不行，不可以笑……」。

再怎麼努力，也只得到一連串的批評

不管我再怎麼努力表現抑鬱感，小池老師也只是對我說：「不對。」看到我表現不佳，老師也日漸嚴厲。「爲什麼連這個都不會！別演了！」每天都被罵得狗血淋頭。

終於到了首演前四天。排練過程我們從開幕一直順排到閉幕，老師還是依然說「不對」，始終無法獲得他的認同。進入比照正式演出進行的正式彩排後，我一樣找不到正確答案。

看到毫無頭緒差點掉淚的我，小池老師這麼對我說。「到首演還有兩天舞台彩排、一天休假，妳自己好好想想。」這時我有種被逼到絕境的感覺。

眼看著即將首演，排練就要結束，我卻還無法掌握角色的情感，這實在太令人恐慌了……。當時我覺得好痛苦，彷彿不管再怎麼掙扎都無法到達有光的地方。

可是，遇見小池老師，卻對我的舞台人生帶來了劇烈轉變。

不輕易回答，也是一種愛

在極限狀態下剖析角色

有時候不管排練時再怎麼嚴格，直到最後階段演員若還是無法掌握角色，這時老師和學姐可能會妥協。

「算了，已經進步很多了。」

在身心俱疲的狀態下聽到這種話，演員的反應可以分成兩種。一種是大受打擊，一種是暗自鬆了口氣。

當時小池老師或許判斷我不屬於後者，直到首演開幕，他還是繼續指出我許多缺失。

過了一星期左右，老師的指點愈來愈少。「咦？爲什麼突然什麼都不說？是不是放棄我了？」這反而讓我害怕了起來，覺得走投無路。

現在回頭想想，當時小池老師對我嘗試的任何方法都一律打回票，其實就是在逼我學習，如何透徹思考一個角色。

蕭弗朗這個角色跟以往我輕鬆的角色塑造不同。「是這樣嗎？這也不對，那樣也不對……。」

我總是在排練場竭盡全力練習到精神恍惚爲止。最後，這個角色讓我榮獲第三十屆松尾藝能獎[1.]的新人獎。這時的我，對小池老師充滿了無限感激。

能不能受教，在於你的心態

這時我已入團第十年。我自以爲已經學到了很多，不過只是「以爲」。小池老師好像覺得，「爲什麼一直把柚希放著不管呢？」

到這個階段之前，有許多優秀的老師和前輩在我身上灌注許多愛情，教我怎麼演戲，可是能不能接收這些指導，就要看本人了。

我想當時的自己一定沒有眞正了解這些指導，但還是在這樣的狀態下，不斷往前走。而讓我徹底從骨子裡學會這些事的，就是小池老師。

不輕易說出答案的嚴格教導，也是一種愛。

累積無數嚴苛的練習後，我才愕然發現，原來二番手男役和首席背負著這麼沉重的壓力，前輩們身上竟有如此大的重擔。

我終於知道，要成功塑造一個角色，如果沒有歷經這樣的痛苦來迎接首演，是不可能讓觀衆滿意的。

隨著公演的進行，我漸漸感受到扮演蕭弗朗的樂趣。我自己也切身感覺到，因爲這次公演，周圍對這個不成熟的二番手男役柚希禮音，漸漸有了不一樣的眼光。

1. 由日本松尾藝能振興財團所頒發的獎項，旨在鼓勵對日本文化藝術有貢獻的藝術界人士。

不自我設限，能換來進步

衷心感謝的恩師

當我表現得對自己寬容，覺得只要到達一定目標就及格了，總是會有老師對我說：「還不行！」逼著我繼續挑戰。我之所以能鍛鍊出這種堅持不放棄的性格，都要感謝這些老師。

二〇一四年在《PASSIONATE 寶塚!!》中，指導我演出卡波耶拉的老師也是如此。

卡波耶拉不太像舞蹈，是一種比較像格鬥技的巴西戰舞。我面對拳擊使用的踢靶，不斷練習正確的踢法，持續了好一陣子嚴酷的練習。

直到在寶塚大劇場首演之前，我覺得自己已經練習到極限了。但卡波耶拉的老師卻看到了我的可能性。

「最後的迴旋踢妳應該可以做得比現在更帥氣。我希望妳可以在最後一場演出體會到實現的成就感。」東京公演時他好幾次來到休息室對我說「一起練習吧」，不放我回家。

跨越極限後，是無數的感動

「雖然老師這麼說，但我實在無法再……。」

儘管我心裡這麼想，還是強打精神繼續練習，結果在東京公演的最後十天，我體會到連自己也不敢置信的「感動」，並且確實將這份感動傳遞給觀眾。

運用肌力的迴旋踢，是一種在宛如吊單槓般反身在空中往上踢的動作，利用槓桿原理的作用讓身體輕盈旋轉。我這時才知道，老師就是爲了讓我體會到這種感覺，才不斷拉著我練習。

當我嘗到老師給我的「感動」後，我再也無法滿足於自己擅自決定的及格線，再也不聽任自己的感覺，對自己說「只要做到這裡就好。」

當自己覺得已經及格，如果指導者認為還有不足，那就表示自己一定還有進步空間，能超越現在的水準。

「不自我設限」真的非常重要。

CHAPTER 02

塑造角色

當情緒和動作一致時，
一定能將角色的心境傳達給觀衆。
正因爲我對演戲不在行，才能看到「男役的眞諦」。
我終於了解，表現男人味另一頭的終點，
其實就是「人性」。

持續十年之後，終於看見「男役的真諦」

用「有內涵的台詞」來傳達角色

要表現出每個角色的情感，無關男女。只需要有一顆溫暖的人心——。

前文提到的蕭弗朗這個角色，讓我深刻體會到這個道理，不過還不到一個月，我又接到在《布宜諾斯艾利斯之風》（二〇〇八年）中扮演政治犯尼古拉斯，並即將在東京舉行我首次擔任主角的公演。

這齣在一九九八年由當時的月組首席紫吹淳小姐首次演出的作品，是正塚晴彥老師的名作，內容描述一個投身反抗運動，在獄中度過七年光陰的男人獲釋後，重新摸索人生的經過。

這時候的我希望能夠用最自然不費力的方式，來扮演劇中的角色，讓台詞飽含最直接的情緒，用具有內涵的話語來傳達。

有男人味的舉止

音樂學校時期，我曾經學習過扮演男役時能讓自己看起來更有男人味的舉止動作。比方說上半身的姿勢，要想像腋下夾著一顆蛋般，抬頭挺胸。拿杯子的時候要讓人看到自己的手背，仰頭飲下等等。可是一旦站上舞台，我滿腦子想的都是如何讓自己看起來更像男人。

平常的自己不管行走或坐下，總是會有些無意識的小動作，可是太過在意自己動作的後果，反而讓我的動作變得很彆扭，一點也不自然。

順從情緒來表演

就在這時候，在音樂劇《歌劇魅影》（二〇〇六年）中由花組首席春野壽美禮小姐所扮演的主角風範，深深地吸引了我。

春野小姐表演這個生來帶著被詛咒的醜惡容貌、悄悄躲在歌劇院地下生活的主角艾瑞克時，只是併腳站著，卻能透露出無比的悲壯心情。這給了我一個很大的提示，原來一個人眞正悲傷時，反而會想隱藏自己的情緒，就算不靠定型的表情或動作來表現「我很難過」，也能確切地傳達情緒。

正塚晴彥老師的作品向來以其卓越的角色塑造著稱，他作品中的主演男役，都讓人覺得很自然。

「自然」這兩個字很重要。實際上觀察眞正的男人，會發現大家並不一定都坐得挺拔，也不見得會帥氣舉杯。

關鍵不在外表，**當心動了，動作也會自然地跟上**。或許可以試著跟隨自己的感覺走。我把自己的想法告訴正塚老師，老師也給了我許多教導，幫助我琢磨比以往更能表達情緒的演技方式。

從心開始，演繹男人味

我開始一一卸下原本以為男役該有的形式。例如平常該帥氣翹起腳的場面，我卻闔上腳懶散地坐著，有些挑戰我自己也不免擔心，「這樣眞的行嗎？」

但是當我的情緒和動作一致時，一定能將角色的心境傳達給觀衆。正因爲我對演戲不在行，所以才能看到「男役另一端」的眞諦。

我終於了解，表現男人味另一頭的終點，其實就是「人性」。我花了整整十年，才眞正體會到演戲的樂趣。

身爲首席，必須負起領導責任

迷惘的首席

入團第十一年，二〇〇九年一月，確定星組首席娘役爲夢咲寧寧的同時，也內定我成爲星組的首席男役。

進入寶塚後，有許多團員都得從最初分配到的組別、再轉到其他組，而我竟然能在入團第一年就建立起深厚情感的星組中當上首席，眞的好開心。接到內部通知那天，我感動地忍不住要掉淚。

但是在此同時，我實在不覺得在自己苦練技藝的二番手男役時代中，已經培養起足夠擔綱首席的實力，這加諸我身上的重責大任，也幾乎把我壓垮。

自己還是低年級時，總覺得首席就是最終的目標，宛如萬能的天神一樣。但是，我卻無法成爲自己心目中的目標。

「妳不需要覺得自己得帶領大家，或者改變這個組。大家都會做好份內的工作，妳只要先做好自己該做的事就行了。」當時的星組首席安蘭小姐畢業前曾經這麼對我說過。儘管我依照她的建議去想像，等到新體制一開始，我心裡滿是畏怯，覺得自己漸漸看不見大家的心。

折磨自己的日子

而這樣的壓力在以激烈舞蹈爲最大賣點的拉丁歌舞秀《Nova Bossa Nova——遭竊的嘉年華——》（二〇一一年）公演中，表露無遺。

這是我當年首次登台的作品，也是在新人公演中獲得演出門童機會的作品，我非常喜歡。

我希望星組能成爲寶塚裡舞跳得最好的一組，嘮叨地對大家做出指示，強勢地帶領著組員。

「爲什麼連這個都不會？」雖然嘴裡沒有明說，但是我的指導強烈透露出這樣的訊息，這讓我慢慢失去八十位組員的心，排練場開始瀰漫一股肅殺之氣。

組員的心不在自己身上，這個現實對身為領導者的我來說，實在很難受。「得做得更好才行」，這樣的責任感，讓我的體重驟減十公斤。

公演結束之後我迫不急待地回家，呆呆看著我最喜歡的藍天大海南國小島攝影集、跟愛犬佾可說話，進入逃避現實的狀態。但是一到明天，又得開始奮戰……。

其實讓星組氣氛緊繃的不是別人，就是我自己，是我在折磨自己。

幫助他人成長前，自己要先成長

以身作則，讓對方「想跟你求教」

如果不能凝聚組員的心，原因一定在首席身上。終於想通這一點的我，放棄帶領組員排練的做法，轉換想法，全心集中在自己的練習上。

當我自己一個人埋頭練習，也呈現出還不錯的練習成果時，大家反而會自動來問我：「該怎麼樣才能做到這個程度？」

帶著誠意對待每一個提問的人，對方也會主動地追求進步。重要的不是「想教人」，而是讓對方有「想求教」的慾望。**在對方發問之前拚命急著想教別人，只不過是一廂情願的強迫罷了**。

居於團隊中心的人，最重要的就是相信團隊的每一份子，但我卻缺少了相信大家「就算現在辦不到，總有一天一定能辦到」的信心。

這讓我切身體會到，要教導別人、讓別人了解自己的心思有多麼困難。同時也讓我學會，想幫助別人成長之前，自己先要有所成長。

放棄追求「完美」，表現最真的自己

「REON !!」音樂會帶給我的發現

在當上首席第二年為止，我一直希望自己能表現出色、受人尊敬。不要跟學妹們太親暱，好像也顯得比較有領袖風範（笑）。

帶著這樣的想法，我始終只讓別人看到自己表現好的那一面。現在回想起來，我既然用這種態度對待身邊的人，面對一直支持我的觀眾，應該也保留著一定的距離吧。

不過自從二〇一二年起，我開始舉辦自己的音樂會「REON !!」後，再也無暇堅持這些態度了。音樂會跟演戲或者歌舞秀不同，如果沒有充分的個人魅力，站在舞台上連五分鐘都撐不了。

「這下糟了。眞正的我根本一點也不帥氣，也有好多糊塗的地方，要是在舞台上被看出來，觀衆一定會嚇一跳吧……。」

不再隱藏，解放真實的自己

就在我躊躇不安的同時，我想起自己剛當上首席時被交代的一句話。「不准說關西腔，要用標準口音說話。」

對我來說，用標準口音說起話來很不像自己，總是讓我進入類似讀稿狀態，話也變少了，很難表達出自己的想法。

於是我鼓起勇氣，決定在「REON !!」中大膽表現出眞正的自己，不再隱藏。

我用家人之間的故事來寫詞，以自己的童年爲題材創作短劇，扮演禮音的粉絲，一個十五歲的女孩千惠子，徹底發揮我的喜劇天分，做出許多以往難以想像的嘗試。

沒想到，觀衆竟然很喜歡，觀衆席跟舞台的距離彷彿頓時拉近，我開始能跟觀衆之間有溫暖的心靈互動。

以往觀衆總是規規矩矩坐著，支持著這個「寶塚女孩柚希」，但自從我在千惠子系列的表演中展現眞正的自己，觀衆開始會給予我即時的熱烈回應，我也看到大家更自由享受整場表演。

因爲千惠子這個角色，我跟觀衆迅速拉近了距離，也讓我更加體認到，**舞台其實是由「觀衆」所塑造的**。

放下武裝，敞開心扉

勇於向周圍求助

藉由舉行「REON !!」音樂會的機會，我徹底放棄要以體面完美的首席爲目標的想法。

沒有領袖風範也無所謂，比起體面完美的舉止，我情願跟學妹輕鬆聊天、依靠大家的幫助……。遇到難關時，我也不再強顏歡笑地說「我沒事」，而是學會敞開心扉，求助於身邊的人。

結果學姐和前輩們都給了我比以前更多的幫助，設身處地支持我。原本不敢接近我的學妹們，也開始敢替我捏捏肩膀，在舞台側邊等待出場的空檔，還會搞些小把戲逗我笑。

「夢想」不只能只放在心中

有笑容的地方自然會吸引好的機緣，同樣地，在舞台上的表演也是一樣。比起小心翼翼繃緊神經，還不如大家一起帶著笑容開心合作，更能催生出好結果。

當我決定敞開自己心胸，重視團隊裡的每一個人時，組員也接納了這樣的我，彼此之間漸漸建立起默契。

腦中一廂情願只想著「我要表現得很帥！」、「我要成爲出色優秀的人！」，周圍只會對你敬而遠之。**愈是遠大的夢想，愈是不能只放在心中空想**。冷靜地觀察自己，踏實累積眼前的每一步，之後自然能嘗到努力的結果。

不設限，才有可能性

依角色，展現不同色彩

什麼叫做「自己的色彩」？聽說所有寶塚女孩成爲劇團中堅後，經常有這樣的煩惱。

我在這個時期，也很害怕訪談時被問到：「柚希小姐覺得自己是個什麼樣的人？」

「我以前個性很內向……」，往往介紹完自己的經歷後會發現，我其實根本不了解自己是個什麼樣的人。

沒辦法，遇到這種時候我也只好老實回答：「我不知道。」

但是後來我發現，不知道自己的特色，其實未嘗不是件好事。

當上首席之後，我在《羅密歐與茱麗葉》（二〇一三年）裡飾演羅密歐，穿著雪白服裝出場，當時觀衆都覺得這相當符合羅密歐純潔的印象：「柚希禮音很適合純白貴公子的角色！」

而在《不眠之人・拿破崙》（二〇一四年）裡，當我扮演一個堅毅男子時，大家也覺得：「嗯，妳果然適合扮演拿破崙。」

然後看到「REON !!」音樂會中我回歸原本的自己，觀衆覺得：「能看到千惠這一面眞好！」也讓我覺得無比幸福。

我自己也很享受扮演這些不同角色的過程，後來我告訴自己，「不侷限自己只能有一種顏色，就是我的特色」。

勇於接受各種挑戰，不設限自我

一開始，我不知道自己是個什麼樣的人，也試圖去摸索。但是當我了解不見得需要限制自己成爲特定的樣子，似乎也找到了另一種定位。

「柚希禮音的特色到底是什麼？最適合什麼樣的角色？」大家永遠

對我保有好奇，覺得我能自由自在地變幻。

只要自己不設限，不認為「我就是這種人」，就能創造無限寬廣的可能性。而這種能嘗試各種挑戰的方法，似乎也比較適合我的個性。

學會享受舞台

吻戲背後真正的「萌點」

當我開始眞正體會演戲的樂趣，也漸漸能在舞台上自然運用自己特有的「萌點」。

以前一心想著要帥氣拋出視線，變得滿腦子都是這件事，動作反而很不自然。

如果學會用心來演戲，像是將對方拉進懷中相擁的動作，其實也能做得像男性一樣自然。而這絕對是只顧執著於擁抱方向、手的角度等技術細節時，無法呈現的表演。

吻戲也一樣，不要把吻戲當成死板定型的表演，在戲中的兩人可能會有怎麼樣的親吻，包括親吻前後的情境，都需要去想像。

觀眾總是愛看吻戲的瞬間，但我覺得眞正的「萌點」，應該是在親吻的前後。所以我期待自己能演繹出戲劇化的美麗場景，延續觀眾的情緒，其他的就交給自己當下的感覺來演。

漸漸體會到舞台樂趣的我，也開始想嘗試更多挑戰。

至於我做了哪些挑戰，就留待後文分解了。

勇於打破框架，挑戰新事物

第三次扮演安德烈

有人會把寶塚比喻成「純女性的歌舞伎」，不過太受限於固定形式，表演就少了趣味。就算表演所謂「歌舞伎式」[1]的劇碼，我也會帶著跟表演現代劇一樣的心態來準備。

寶塚最具代表性的「歌舞伎式」戲碼，就屬《凡爾賽玫瑰》了。在寶塚上演《凡爾賽玫瑰》的隔年，報考音樂學校的人數比往年多了一倍，足見這齣戲有多受歡迎。

我在《凡爾賽玫瑰二〇〇一》的新人公演，及二〇〇六年的《凡爾賽玫瑰》中，都扮演過愛著男裝麗人奧斯卡的安德烈這個角色。別說寶塚的表演了，當時我連電視動畫和漫畫上的《凡爾賽玫瑰》都沒看過，對我來說，這個角色可說是空前困難。

在深受彼此吸引的奧斯卡和安德烈第一次結合的「今宵一夜」這場戲中，安德烈將自己萬千感慨、言猶不盡的心意，寄託在這句台詞中。

「願我的未竟之夢，永遠冰封，化為琥珀色的化石。」

過去兩次扮演安德烈時，我試圖去了解這句台詞的涵義，但最後還是在無法掌握眞正感覺的狀況下說出台詞。

但是當我終於知道該如何把自己放進角色中，用心表達時，在二〇一三年由雪組公演的《凡爾賽玫瑰・菲爾遜篇》特別演出中，這次我的安德烈跟過去兩次完完全全不一樣。

無法克服的永恆課題

《凡爾賽玫瑰》屬於寶塚歌舞伎，所以很多人都會教我，「這個動作要按照形式來轉身」、「這句台詞要依照固定的說法來講」。

在歌舞伎的世界裡，形式就是「絕對」。但是這種套用形式的演法，我實在無法投入情感，《凡爾賽玫瑰》成爲我始終無法克服的永恆課題。

即便《凡爾賽玫瑰》是講究形式的戲劇，首演當時會訂下這些規矩，也是先揣摩過出場人物的心情，才會出現這些動作、台詞。但是之後不斷重演時卻變得只重視形式，讓動作和台詞都失去了眞正的血肉。

我第三次演出《凡爾賽玫瑰》時，飾演女主角奧斯卡的是二〇〇九年從星組轉到宙組，之後擔任宙組首席的凰稀要。她是低我一年的學妹，過去也一起合作過不少作品，意氣相投的凰稀對我提議，「要不要試著把《凡爾賽玫瑰》當成正塚戲劇[2]來試試看？」

真正的情感才能帶來感動

正塚老師的戲，不管是觀衆或者是身爲演員的我們，儘管心裡都知道「這是在演戲」，但舞台上演出的故事，就好像是正在眼前發生的事件一樣，相當有意思。每次我們都會眞的哭、眞的吵、眞的彼此相愛，所以才能帶來感動。

而我們實際用正塚戲劇的方式來嘗試《凡爾賽玫瑰》後，演戲的方式出現極大變化，連自己都覺得驚訝。

「今宵一夜」那一場戲，如果只是徒照形式念台詞，我實在無法了解角色的心情，只能僵硬地背稿。當我試著忘記形式，以實驗方式換了一種更重視角色心情的角度來切入，沒想到情緒很快就進入狀況。

在這場戲中，安德烈終於知道自己苦戀的奧斯卡其實也愛著自己，他為此深深感動。

我終於可以體會，安德烈激動的感慨帶來劇情的高潮，他滿心希望時間能永遠停留在這幸福的瞬間，所以才吐出「化為琥珀色的化石」這句台詞。

《凡爾賽玫瑰》這個永恆的課題，我順從自己的心，讓它增添更多眞實性，終於得以掙脫痛苦。凰稀要跟我從音樂學校時代起就像戰友一樣共同成長，也跟我一樣受過正塚戲劇的訓練，因為跟她一起並肩作戰，才有了後來的奧斯卡和安德烈。

在這次雪組的特別演出中，凰稀飾演的奧斯卡大獲好評，後來宙組也緊接著上演《凡爾賽玫瑰・奧斯卡篇》（二〇一四年）。當時公演期間才剛過半，就締造了從一九七四年首演以來，動員觀眾人數超過五百萬人的空前盛況。

1. 編按：這裡的歌舞伎並不是真的指日本傳統的歌舞伎，而是擷取了歌舞伎表演中「重視形式」的精神，例如眼神流動方式、手腳的位置角度等，將其運用到戲劇中。在寶塚版的《凡爾賽玫瑰》中，便結合了許多這樣的表演形式。

2. 正塚戲劇是指寶塚導演正塚晴彥的獨特導演手法，強調細緻、寫實，擅長激發出每個演員的個性。

不論身分，永保謙虛的心

比任何人都謙虛的母親

「不管任何時候都要謙虛。」我進入寶塚後，母親依然不斷地這樣告訴我。

「『柚希禮音』是大家塑造出來的，我怎麼能坐在比粉絲更前面的位子。」母親總是這麼說，從來不肯坐在前排看我的表演。

剛當上首席時，我瞞著她偷偷準備了第五排的位子，那天晚上她大發雷霆。

「妳應該讓培養妳走到今天、當上首席的粉絲坐這個位子！」

她氣到聲音都發抖了，從此以後我再也不敢讓母親坐在前排。

母親年輕時有一段時期曾經從事過戲劇工作，所以不管是面對技藝的態度，或者是與粉絲們相處的方式，她都給了我許多意見。

「粉絲送的衣服，至少要穿去劇團一次。」

「不能老是給前排觀眾眨眼或飛吻。別忘了坐在二樓、三樓後方的，也是特地撥時間來看妳的粉絲。」

「要讓舞台下坐滿的，全都是真正想看妳表演的人。」

她總是不厭其煩地提醒我這些事。

以「觀眾」的立場來思考表演

一開始我還沒有真正了解她的意思。但是後來我自己也懂得珍惜那些即使坐在二樓、三樓，也開心到場的每一位粉絲，並且仔細確認觀眾反應，觀察自己的表演是不是能讓全場都滿意。

擔任首席之後，我把每一場公演都當作退團公演，傾盡全力在舞台上表演。現在回想起來，在背後支撐我寶塚人生的，正是母親這些苦口婆心的教誨。

做自己，不當他人的替身

活得像自己

我母親是個不管女兒幾歲，還是會不厭其煩、耳提面命的人，相較之下，已經往生的父親則以行動告訴我，「要活得像自己」。

父親是關西人，最愛吃美食，常常會在夜裡把已經睡著的哥哥和我搖醒，帶著我們兩個小學生到晚上十點後才開張的拉麵店去。

「今天早餐吃壽司！」我也曾經因爲父親這句話，在清晨五點被叫醒，上學前穿著小學制服一起去吃壽司。

比起一般大人視爲常識的理論，他更重視自己想法。

「女孩子要保護自己，就得練好酒量。」

他還曾讓當時還是小學生的我，品嘗日本酒的味道。

溫暖守護的父愛

當時在寶塚音樂學校的複試中，我之所以表演「橋型撐走」[1.]，也是父親的「指示」。

我的骨頭很軟，擅長橋型撐走，但是因爲個性害羞，當時我本來不願意表演。

「爲什麼考試時得表演這個？我不要啦。」父親卻堅持不讓步。

「抓住面試官的心最重要！總之妳做就對了！」我只好在表演完芭蕾的連續轉圈後，繼續穿著緊身舞衣做橋型撐走。

與我同年入學的十輝伊里澄當時也在場，聽說她看到我的表演後嚇了一大跳。

「一個做橋型動作的人，像蜘蛛一樣超快速往這裡爬過來！」或許就是多虧了這深刻的印象，才讓我順利通過複試。

父親深信我很適合寶塚，打從我剛入團，每當在外吃飯小有醉意時，他就會告訴別人：「我女兒將來可不得了！」

我想，我能當上首席，父親一定比誰都高興。

謹慎仔細的母親、豪爽的父親，結合了兩者的精華養分，孕育出現在的我。

1. 俗稱「蜘蛛走路」，一種讓手腳撐地、腹部朝上，臀部抬高的行走方式。

定期掃墓，心情更平靜

美食之旅和掃墓

小學時期，我們家的重大活動就是美食之旅和掃墓。其中讓我印象特別深刻的，就是每年全家會到京都的嵐山去吃湯豆腐。

我父母親大概都很喜歡京都豆腐的優雅風味，不過看到眼前對小孩子來說味道清淡、難以滿足的湯豆腐和冷豆腐，還是小學生的我總是覺得奇怪，爲什麼豆腐味道這麼單調呢？

一到假日，我們就會去去掃墓，全家一起整理祖墳。長大之後父母親也交代我，「公演開始之前記得到墳前報告，說妳要開始公演了，請祖先們保佑妳無災無傷、演出平安。」

直到現在我仍記得，演出前一定要去掃墓。

小時候我不太了解嵐山湯豆腐的味道，也不懂掃墓的意義。從寶塚退團後，每當大小節日去掃墓時，我總覺得心情會平靜許多。

爲了之後的音樂劇演出[1]，我即將要到紐約進行三個月的排練，在這之前我心想，「還是去掃墓吧」，自然而然地來到祖先墳前，報告即將遠行。

1. 係指柚希禮音退團後的首次舞台作品《百老匯王子》（Prince of Broadway），由百老匯知名導演哈洛德．普林斯執導，已於二〇一五年十月至十二月，在日本上演。

迷惘、煩惱，追求幸福的必經過程

經常入夢的迷宮

我進寶塚之前，就不斷做著一個走在迷宮中、然後站在一扇門前的夢。而迷宮的盡頭有兩扇門。

「該開哪一扇好？」

在夢境裡，我猶豫許久，但每次都打開同一扇門，最後被藏在門後的人抓到。

剛進音樂學校時，我覺得自己不太適合唱歌演戲，也曾想過放棄寶塚，靠舞蹈吃飯。

入團後，我先是呆呆地站在令自己束手無策的「男役」面前，接著又差點被擔任二番手男役的壓力擊垮。當上首席之後，起初又因爲無法跟組員互相了解而沮喪……。

回顧過去，放棄芭蕾進入寶塚，儘管我一直很努力，但心裡始終看不見那道能說服自己「這是正確抉擇」的光。我想，我自己應該一直很迷惘吧。

大概是醒著的時候無暇煩惱，所以入睡後就把煩惱投影到夢中了。

歷經艱辛後，越能感受幸福

當上首席後過了一陣子，我又做了這個久違的夢。

夢中的我走在熟悉的迷宮中，跟往常一樣站在兩扇門前，我心中這麼想，「我每次都開這扇門，然後被抓到。」於是我第一次決定打開另一扇門，結果，並沒有被任何人抓到。

從那天起，我再也沒有做過那個夢。

感受幸福和充實的方法因人而異。對我來說，過著馬馬虎虎還算開心的平靜日子，並不怎麼快樂。**歷經各種艱辛、煩惱，終於找到目標時，反而讓我覺得更幸福。**

我這個人的個性，如果不經歷一番無可奈何的懊悔和焦躁，大概就感受不到喜悅和充實。

是不是因為當上首席後過了幾年，我心裡開始覺得放心，覺得「這條路是對的」，所以不再做那個夢了？

第一次開啓的那扇門後面，究竟是一片什麼樣的風景？或許將來有一天，故事的後續會再次翩然入夢來。

CHAPTER 03

榮耀團隊

如果只靠一個人就想費力拉動所有人，
那麼誰也不會跟上來。
當每個人都願意負起責任，
扮演好自己的角色，
才能眞正提高團隊的力量。

前輩的意見，要心懷感激的收下

前輩說「烏鴉是白的」

在東京的最後一場退團公演後，還有一場記者會。會中記者提出幾個問題，接著問我：「有什麼是您希望今後仍能繼續留在寶塚的東西？」

聽完這個問題，其實我大可回答「愛」或「夢想」，但我卻毫不猶豫地回答：「上下關係。」

在寶塚，從音樂學校時代我們就徹底地被教育，要尊敬前輩長者。劇團之中自有一套系統，長一年的學姐要照顧低一年的學妹，負起責任把不會的學妹教到會。

學妹在任何方面，都要敬重比自己早一年站上舞台的學姐，學姐給的建議要視爲「這是比我早站上舞台的前輩給的意見」，必須心懷感激地收下。

學年愈高，每個人的技術也愈精湛，教的一方並不會刻意去挑剔太瑣碎的細節。

不過身爲前輩，一來不希望自己的夥伴在觀衆眼中顯得「奇怪」，同時也希望後輩能有成長，所以哪怕知道可能把氣氛弄擰，該給的建議一樣得說。

久而久之，當自己成爲前輩時，自然會發現當時愼選時機，給予自己提醒、意見的前輩之用心良苦。之後，自己也換上跟以往被動接收時不同的視線，切身感受到這上下關係的好處，一點一滴累積經驗。

當然，對這個前輩說「烏鴉是白的」，就得附和「對，是白的」的環境，我也曾經抱持疑問。

但是在藝能的世界裡，確實存在對前輩的高度崇拜，足以讓人願意去思考：「說不定烏鴉眞的是白的」。

如果前輩說的話有誤，自然會有其他前輩來糾正。比方說，假使組長說錯了什麼，所有組員會認爲：「這些話裡說不定另有一番深意？」大家會試著去探討話裡的眞意。

這種徹底的上下關係，是帶領一個集團不可或缺的要件。十六年來，我不斷地學習這個道理。

因爲注重禮儀，所以儘管同一群夥伴長年一起練習，彼此的關係也不會因此而放肆隨便，依然能保有人際關係該有的品質和分際。

嚴謹的上下關係，打造成功舞台

每場公演都由首席擔任主角，並且依序有二番手男役、三番手男役等，這種寶塚的明星體制，跟一般企業中依年資論薪的制度不同，可說更爲嚴謹。

寶塚的舞台之所以「有格調」，是因爲有「上下關係」做爲基礎，所有人能由衷尊敬前輩，遇到狀況也願意尊重前輩的意見。

我覺得因爲有這樣的關係，讓團隊之中流動著順暢的「氣」。

外界有時會批評，「上下關係何必那麼嚴格呢？」但我卻認爲，正因爲有這種穩固而優異的上下關係，才能使寶塚擁有超越百年，不可磨滅的輝煌歷史。

不做表面工夫，用心做好每一件事

表面的帥氣，無法贏得觀眾的愛

當上首席之後，除了做出更好的作品和帶領組員之外，還有幾項必須注意的事。

「首席」是寶塚的招牌，平常就得注意自己的言行舉止。除此之外，我也很關心自己公演場次的賣座狀態。直到我自己能吸引大批觀眾來場之前，這一直是我最大的煩惱。

當我還在低年級時代，因爲自己的粉絲人數始終沒有增長而感到煩惱時，經常想起瞳子學姐（安蘭慧小姐）對我說的話。

「眨眼或飛吻這些表面工夫，對於增加粉絲不會有幫助。當妳能夠仔細面對角色、用心演戲時，自然而然就會有人欣賞。」

我以此爲目標努力練習，漸漸地，願意支持我的人也不斷增加。

願意改變，才能成長

成爲首席之後，我始終把這幾句話放在心上。

「如何才能取悅觀衆？」

「現在大家想看什麼樣的角色？」

我不斷模索，希望在保持寶塚傳統的前提下，加入更多現代風格。髮型和化妝我也總是費心研究，什麼是現在的觀衆喜歡的樣子？每次都有不同的變化。

我自己經常站在客觀角度觀察寶塚的表演，終於，我的演出開始能獲得觀衆的喜愛，總是一位難求。

在此同時，我也承認自己擔任首席時硬是要大家跟隨我的作法，其實並太不成熟。因此我不斷反省，進而改善。

人往往不願意承認自己的不成熟。但是不承認，就無法往前進。

承認當下自己的不成熟，並且願意從今天起做出改變，才讓我逐漸成長蛻變。

對象不同，說話方式也不同

想「打動人心」，該怎麼說？

有些人在讚美中成長；有些人聽到「還差這麼一點！」的建議，馬上就能進步；有些人則要受到嚴厲批評才能振作。

對每個人來說，所謂有效的說話方式都不一樣。同樣一句話聽在不同人的耳裡，能打動他們的關鍵或許也不盡相同。

不管是哪種人，如果對方不願意敞開心胸接受，一切都是空談，因此我一向會在跟大家溝通的同時，觀察每個人的個性。

剛當上首席那段時間，我曾經因為說話方式不妥，得罪了許多人，包括服裝部、燈光部、音響部的工作人員等等。

舞台表演時，空間狹窄的更衣後台往往兵慌馬亂有如戰場。服裝部的工作人員必須準備好幾十套接下來的服裝和飾品，在分秒必爭的狀況下協助我們快速換造型。他們動作是否俐落，都會影響舞台的表現。

懂得感謝工作人員的辛苦

一站上舞台，所有演員都呈現腎上腺素迸發的狀態，所以換衣服時，服裝部門的同事若手腳俐落，我就會滿心佩服：「這個人眞能幹！」如果遇到沒那麼俐落的人，也很容易不耐煩。

我也曾經因爲換衣服太慢拖延了出場時間，當場丟下梳子：「來不及了啦」，就急著衝上舞台。

其實這樣只會導致對方反感，認爲「柚希禮音這個人怎麼這樣！」什麼好處都沒有……。

過了一陣子，我開始反省自己的態度。「其實大家都爲了趕上時間在拚命努力啊！」我開始懂得感謝在後台幫助我們的夥伴。

「如果能再幫我把這邊弄好就太感謝了！」我再次提醒之後，對方也能坦率地接受我的意見。

自己不夠成熟時，我還不了解這些道理，只會不斷傷害對方，讓彼此都尷尬。

我們最後的使命是共同創造一個精彩的舞台。爲了這個目標，我花了很長時間去學習，該怎麼傳達自己的想法。

站在對方的立場思考

對觀眾來說，僅此一次的寶塚

對每天在工作上接觸的人，我開始學會「站在對方的立場思考」。這麼一來，我的「視野」也自然變得寬廣。我也開始能站在沒直接認識的對象，例如透過「觀衆」的立場來思考。

比方說，假如自己是觀衆，要去看三個小時的表演，但前前後後需要的時間可不只三小時。從早上開始準備、來回劇場的交通時間，至少也得花上半天。

一想到觀衆撥出這麼多時間特地來一趟劇場，就不敢抱著輕忽的心態站上舞台。

有時候同一齣劇目公演將近三十天之久，也可能忍不住會冒出：「今天表現得不太好。算了，明天再補救就好！」的想法。

但是自從我懂得站在對方的立場想，我也發現對觀眾來說，這場表演可能是人生中第一次、也是最後一次的寶塚。

尤其是自己當上首席後的表演，我一直都帶著：「這就是退團公演。」的心態來準備。

看到學妹好像有點怠惰，我會認真注視對方的眼睛說：「我把每一場都當成退團公演在表演，妳要不要也試著用這種心情站上舞台？就算只有今天這場也好，試試吧。」

當我知道觀眾給了我們寶貴的時間，就不自覺繃緊了神經。同時我也產生更多感謝的心情，面對舞台的態度更是截然不同。

避免單純重複台詞

當一場戲在公演中可能要重複演出幾十次，大家可能覺得，背好台詞之後只需要不斷重複一樣的台詞就行了。

不過正塚晴彥老師告訴我們，面對舞台時，千萬不能讓觀眾產生這種感覺。

演員每天站在舞台上，要想像自己有生以來第一次到這裡、第一次見到對方，說出心裡所想，而對方也第一次聽到這些話，給予回應。

當我開始實踐老師的教導，每次公演都變成第一次體驗，演戲變得好有趣，一個月的公演轉眼之間就結束了。

我每天都告訴自己，讓腦中只留下故事，把台詞全都忘記。雖然很害怕，但是當我大膽體驗過一次這種方法後，我發現所有虛假的劇情，全都變成有血有肉的眞實台詞。

各司其職，打造自主運作的團隊

全心交付，就能看到回應

《凡爾賽玫瑰二〇〇一》是帶給我，和後來成為星組首席的湖月和多留學姐相識契機的作品。

入團第三年。當時我很崇拜專科[1]的和多留學姐。我一直很想找機會跟她說話，就在某次演出前，和多留學姐即將踏上舞台時，我開口問她：「請問披風的拿法……？」

正式演出之前她理應很緊張，但還是客氣地回答我突來的問題，當時我真的覺得很高興。

入團第五年時，和多留學姐點名我擔任星組的舞蹈組長。一般來說，不可能由後輩來擔任組裡的舞蹈組長。但是身爲首席的她親自鼓勵我，「希望由妳擔任舞蹈組長，努力提高星組的整體水準。」

因此，我開始很認眞地觀察老師的動作。由於我還得教會學姐、學妹舞蹈動作，心裡也油然產生責任感，覺得自己要先確實跳好才行。

交出棒子，讓對方學會負責

當上首席之後，不管任何場合，通常都得以領導者之姿下指令，後來我開始試著委任給學年最高的幹部組長，或在我下方負責統籌的組員，請她們也負起部分責任。

這麼一來，原本覺得「反正這些事柚希會說」的人，也漸漸會更注意組員。因爲大家都更加關心組內的事，整體氣氛也變得比以前更好。

其實有許多事或許我自己直接說，對方會更明白，但是如果許多不同立場的人都這麼說，那麼大家就會知道，不是只有首席柚希這麼認爲，而是每個人都有一樣的想法。

有一天，我正心想某一場戲得好好徹底練習，因而來到排練場時，剛好看到其他組員正召集學妹練習那一場戲。我到現在都還記得，當時看到那個情景時心裡有多感動。

如果只靠一個人就想費力拉動所有人，那麼誰也不會跟上來。當每個人都願意負起責任扮演好自己的角色，才能眞正提高團隊的力量。

1. 指在寶塚歌劇團中，專精於某項技藝，跨越組別，多方活躍的團員其所屬類別。

跨越國境的支持

擔任首席後的首次海外公演

而星組的團隊力量，就在二〇一三年四月遠征台灣的公演《寶塚日本風～序破急～／怪盜楚留香外傳・花盜人／Etoile de TAKARAZUKA》中發光發熱。

台灣公演對我來說是第四次赴海外公演，不過以首席身分率組演出則是第一次。對第一次觀賞寶塚的台灣觀眾來說，我們星組的公演就會決定大家對寶塚的整體印象，所以全組都帶著肩負日本形象的心境來面對這次公演。

爲了讓台灣的觀眾開心，我們決定用中文來說開演前的廣播，舞台上也以中文演唱台灣的歌曲。但是沒想到這件事比想像中更困難。

中文裡一個字的發音就有五種不同聲調，我花了四個小時才學會念短短幾十秒的開演廣播。

「明天退團也了無遺憾！」

不帶成見的海外觀衆，反應往往直接又毫不留情，所以一直到上台之前我都很擔心，萬一大家看了不喜歡怎麼辦。

等到首演的幕一拉開，並播放我用中文說的開演廣播後，馬上就感受到觀衆溫暖的反應，劇場內一片歡聲雷動。

「喔喔！」陣陣迴響震撼著整座劇場，舞台上的我們被包圍在幾乎撼動大地的熱烈鼓掌和歡呼聲中。其中大家特別高興的，就是我們奮戰許久的中文溝通。

我想，這是因爲我們沒有單方面地帶著：「請大家看看什麼才是寶塚的表演！」這種態度，**而是站在「觀衆」的立場，去思考大家喜歡什**

麼樣的表演，才能獲得這些歡呼聲。

這次經驗讓我們再次重回創作的基礎原點。

過往的舞台人生中從未經歷過的狂熱盛況，一直持續到九天後的最後一場演出，我心裡充滿無限喜悅，甚至覺得：「就算明天退團也無所謂，就算明天離開這個世界也了無遺憾！」

團結一致，成就完美舞台

台灣的魅力

在台灣時，我去了一直很期待的北投溫泉、夜市，也如願到有美麗老街的九份，跟大家一起飲茶賞景，充分享受當地的風土人情。台灣的街道跟從前的日本很像，人也很親切。在路上問路大家總是很親切地告訴我們，只要看到有困難的人都會主動上前幫忙。

我在休息室問了負責照顧我們的女工作人員：「我想在安可時說些之前沒說過的中文，能不能教我？」

這時候瞬間湧來一群人，大家七嘴八舌地輪流出意見：「說這個怎麼樣？」、「那這個呢？」

隔天開演前，我再次確認那句話的發音，結果每次休息時大家就會看著我：「記住了嗎？再說一次試試看？」仔細地替我糾正發音。

隔天他們主動建議：「下次講這句如何？觀眾一定會很高興。」每位後台工作人員都積極地參與在表演中。在這樣的環境中，充滿了大家團結一致、想帶給觀眾喜悅的氣氛。

台灣公演的成功，都要歸功於舞台後這些工作人員的熱忱。

超越好惡，相處不該帶有成見

拋開成見，找出對方的優點

我認爲與其交情普普通通還算不錯，還不如能眞正說出意見、指出彼此缺點，加深理解，更能建立起堅定穩固的人際關係。

在寶塚時，比自己的技藝更讓我煩惱的就是跟組員間的人際關係。

每個組約有八十名成員，除非換組異動，否則永遠會跟同一批組員一起練習、共同打造舞台。

「我跟這個人就是合不來。不可能！」一旦產生這樣的想法，就絕不可能有好的表演。就算覺得可能合不來，也要忘掉這個想法，觀察對方的優點，找出自己想學習的部分。

但有時候自以爲出於善意而說出的話，也可能傷害對方，導致長時間無法修復彼此的關係。儘管如此，還是得每天練習、上舞台。

五分鐘前跟自己處得不太愉快的人，一上了舞台就得忘記這些事，互相微笑，展現出最美好的合作。

看到原本氣氛僵持，一上台卻馬上切換心情、全力以赴的人，我也經常因此改觀，暗暗稱讚「眞行！」

越合不來，越該靜下心聊聊

我低年級時如果前輩邀我吃飯，老實說，有時候心裡會暗自叫苦。「唉呦，明明想去練習的，這下麻煩了……。」

不過帶著這種不情不願的心情赴約，有時候卻能獲得只有當時當地才能有的難得經驗。

等我成爲別人的學姐，明明知道開口邀約，對方不見得高興時，還是會約學妹吃飯。「好像還沒跟A好好聊過呢。」結果發現，我原本以爲A應該可以更努力，現在一定在偷懶，但其實她可能只是剛好遇到瓶頸，一個人不知如何解決，正在發愁。

這種時候提供幾個可能有幫助的線索，往往可以看到對方有很大的突破成長。

要讓作品、工作、團隊變得更好，不能老是跟和志同道合的夥伴一起吃飯喝酒，**愈是彼此可能有誤會、或者覺得可能合不來的對象，才更應該主動邀約，找機會深談。**

主動開口，關心對方的需求

表達關心，降低彼此心中的高牆

當上首席後，我成爲組裡的中心，爲了不讓組內有派系之分，我向來很注意營造開放、透明的氣氛。

比方說聚餐，如果只跟自己親近的組員吃飯，沒有受邀的人就會覺得遭到排擠。如果要聚餐，我會依照學年順序邀十位，或找二番手男役、三番手男役和新人公演主角，盡量不讓人覺得不公平。

平常我也會盡量仔細觀察每個人。

「今天的髮型不錯呢。」

「妳的妝容比在化妝室看到的樣子更好呢。」

如果感覺到擦身而過的組員有任何變化，就會盡量告訴對方。對於會積極發問的組員，固然可以給對方各種忠告，但是個性內向、想問卻不好意思發問的人，就算把她們硬拉到側台，該說的話我一樣會說。

塑造圓滿的人際關係，不能少了「溝通」。我認爲盡量主動出言關心，降低彼此心中的高牆，也是自己重要的工作。

衷心感謝他人的指正

同時，我也希望自己能是一個能接受別人指正缺點的人。

當學妹發現我的舞蹈動作有誤，指出我的問題：「那個動作應該是這樣吧。」如果我這時表現得很冷淡：「喔，是嗎？」我想別人再也不會願意提醒我。

我非常了解他人願意對自己指出缺點，有多麼珍貴，所以總是覺得：「哎呀，妳說得對！」然後馬上改正。

不分年齡、立場，側耳傾聽別人的話，也依照建議實際改進。這樣的行動帶來了相乘效果，讓工作場合的氣氛變得更好。

放下身段，成為「被需要的人」

別讓人覺得遙遠、難以接近

能夠每天不斷往前進，也同時關心走得慢的人；能走到資歷最淺的學妹身邊，確認所有人的感覺；發生狀況時，別人會覺得有這個人在大可放心。

我很希望自己能成為這樣的人。

首席時代，我一直以這種「既遠又近的存在」為目標。

不管是學妹還是中堅組員，我希望隨時都能跟她們打成一片，別讓組員覺得我是個「很遙遠、跟自己活在不同世界」的人。

首席也經歷過低年級的時代，但是學妹們卻沒親眼看過這個時期。

眼前的首席如果顯得太遙遠，連首席所說的意見都會覺得遙遠，聽不進耳中，也很難吸收首席口中說出的忠告。

所以我總是提醒自己，表達自己意見時要多一點溫度。

「妳的事我平常都看在眼裡，所以才想給妳這些實際的建議。」我非常注意平時的溝通及語氣。

永遠把自己當成新人／

在最後一場演出中，挑戰新的自我

大家或許覺得很晚，不過從各方面來說，我眞正接受身爲首席的自己，是二〇一四年初在《不眠之人・拿破崙》中飾演拿破崙・波拿巴的時候。

這時候的我，已經不再是贏得首席之名後，逞強背負著多餘負擔的那個我了。我終於能回歸單純的自己，發自內心享受飾演男役的樂趣。

但話雖如此，是不是隨著技術進步、經驗累積，就能自動應付各種角色呢？倒也未必，每次公演在集合日拿到新樂譜時，裡面一定會有自己不會唱的歌。

就算在之前的作品裡能唱得好，一拿到新譜，還是得從零開始練習技巧，我們的工作就是這樣的重複循環。每次都得回歸新鮮人的心境，靠練習來闖過難關。

包含大量歌曲的《不眠之人・拿破崙》，需要比以往更加厚實的聲音，著實讓我經歷了一番苦戰。

「只要努力練習一定能有成果。」

我確實深信如此，在每天排練的空檔中進行歌唱特訓，最後終於看到了成果。

最後一場公演、最「寶塚」的角色

剛好在那之後過了一年，退團公演的劇目《宛如黑豹》（二〇一五年）給了我最困難的功課。

《宛如黑豹》是寶塚重鎮柴田侑宏老師特地為我編寫的作品。

以第一次世界大戰後的西班牙為舞台，描寫海軍大佐安東尼奧

（我）跟舊情人（夢咲寧寧）重逢，被捲入時代巨浪中的歷史愛情劇。

安東尼奧的台詞中經常有：

「何方狂徒！」

「畜生！」

「如何，想討饒了嗎？」

這類較有古典味道的台詞。

較常演出現代戲劇的我，在最後的最後能獲得這個讓我回歸寶塚原點的角色，不禁覺得：「寶塚確實是個直到最後，都不斷帶給我挑戰的地方。」

以新鮮手法表達傳統

該怎麼靈活表達傳統色彩強烈的台詞，全靠演員的能力。劇本上寫的台詞不能改，也絕對非說不可。

但是同樣的台詞可以用讓人幾乎聽不見的音量輕聲囁嚅「畜

生……」，也可以高聲破口大罵「畜生！」

這些即使我穿越時空到過去，也很難啓齒的台詞，我試了各種說法，尋找自己最順口的方式。

在家裡或浴室時，我嘗試進入角色，說說看台詞，沒想到還挺能進入狀況的，不過在人前卻老是說不好。那大概是因爲太在意別人的眼光，老是擔心：「大家會不會覺得我這樣很奇怪？」

這就證明了，我還沒有做到徹底融入角色、用心傳達。

於是，我用心投入角色，帶著「你這個渾蛋！」的感覺來揣摩「畜生」這兩個字，不斷練習到自己能自然說出來爲止。

安東尼奧受到海軍和時代左右命運帶來的苦惱，跟我自己在男役當中的掙扎身影相疊，再交織上即將離開寶塚的情緒，終於讓我徹底化身爲那個活在遙遠時代的西班牙男子。

道別的日子，是夢想的新起點

不留遺憾的寶塚人生

二〇一五年五月十日退團當天，其實我心裡還沒有今天就要離開寶塚的真實感受。

最後的公演《宛如黑豹》，我帶著比以往更加戰戰兢兢的態度，將每一場演出都當作是退團公演。

「要呈現出令自己死而無憾的精彩舞台。」

每場表演我都帶著這樣的心情，退團當天也延續著這樣的情感。

我一點都不覺得「今天就要結束」，但是一走出休息室，看到一萬兩千多名粉絲都穿著白色的衣服來歡送，我也穿上歌劇團的正式服裝。

在那之後的歡送宴會上，看著自己退團的畫面，覺得好像在做夢一樣，很不可思議。

隔天，大家紛紛傳訊息告訴我，最後一場演出在全國四十五個場館及海外也同步轉播，晨間節目也把我的退團當成頭條新聞來播報，不過我還是很難相信那就是我自己，心裡只覺得萬分驚訝。

當時的我，雖然在寶塚中還有些未完成的心願，不過我懷抱著沒有任何遺憾的滿足心境，也不覺得跟粉絲們會「就此永別」。

決定退團是在二〇一四年的夏天。我回想起高中時一度放棄的留學之夢。我的下一個「夢」，即將開始。

等到我獨立之後，爲接下來的舞台開始排練，一定會眞切地感受到自己已經離開寶塚了吧！

帶著這樣的心情，我在二〇一五年七月前往紐約，爲接下來的舞台排練做準備。

鑽石般的歲月

退團公演最後一場演出的致詞，是我在最後一週演出前的假日完成的，那天我泡在一間咖啡廳裡，告訴自己非得寫完才能離開。

對於星組的組員，我們長年一起排練，這些年來該說的我也都說了；對於觀眾，一有機會我也會把自己的想法告訴大家。來到最後這一天，若要問我還想跟大家說什麼，除了感謝，我再也想不到其他。

致詞不能太長，老套的話語也表達不出我的心情。

這十六年來，我說也說不盡的感謝，都寫在下頁這些話中。

眞心謝謝你們。

寶塚是一場美夢，這場夢中，
有大家的心意、熱情，和遠大目標。
或許正因為這樣，我才如此深愛寶塚。
我小時候怕生怯場，
是寶塚造就了現在的我。
我嘗過努力之後的喜悅，所以才能不斷鞭策自己精進。
我學會，只要有心克服，任何事都能成功挑戰。
我學會，只要有感謝之心，眼中的一切都無比珍貴。
我學會，如果不肯定自己、相信自己，
就無法贏得別人的信賴。
一路走來，我之所以不斷琢磨技藝、鍛鍊精神，
都要歸功於身邊的所有人，不厭其煩地給我教導。
柚希禮音，在大家的愛當中，慢慢成長茁壯。

柚希禮音的寶塚人生，因為有了你們，
成為我人生中最美好的鑽石歲月、鑽石之路。
我的心中，有著說不盡的無限感激。

謝謝你們。

CHAPTER

04

調整心態

當我們眞正用心努力過，
一定都希望能聽到「做得好！」的讚美。
如果連自己都無法肯定付出的這些努力，
那不管再怎麼持續做，
永遠都無法獲得自我認同。

收起自卑，練習愛自己

人生的主角是「自己」

每個人都有覺得自卑的地方，這些跟別人不一樣的地方，其實都能轉換爲自己獨特的個性，淬鍊成珍貴特質。

最重要的是，自己要先喜歡自己，否則，自己的身體也無力奮戰。首先，我得先當自己最堅定的戰友。做出這個決定後，面對原本有點在意的五官，我開始能換個角度來思考：「說不定可以讓這裡看起來更漂亮些？」

我不再像以前只顧遮掩，而是想辦法運用化妝技巧等方法來突顯優點。我也開始敢挑戰以前覺得自己不適合的黑髮。

愛上自己，眼裡就會看到更多可能性，我覺得滿心雀躍，好期待看到自己的變化。這真是令人驚喜的大發現。

慰勞自己，給生活多些滋潤

每天過著忙碌無比的生活，總覺得一天二十四小時永遠不夠用，這時候反而會盡量撥出時間給朋友或家人、寵物，但是不是常常忽略照顧自己的身體呢？

我過去就一直是這樣，不過當我決定要喜歡自己，當自己最忠實的夥伴後，也開始產生要好好慰勞自己的想法。比方說，泡澡時好好替自己的腳底按摩舒緩，或一邊泡澡一邊敷臉。

洗完澡後也別嫌麻煩，要仔細塗上保養肌膚的身體乳液。**一個人有沒有好好照顧自己的身體，旁人一眼就能看出來**。

儘管生活步調依舊忙碌，還是能讓人覺得這個人有股悠然從容，以及光采煥發的豐潤。

記得犒賞努力後的自己

絕不吝於讚美

很多人在工作或課業上認眞投入，努力獲得周圍的肯定、讚美，自己也覺得確實竭盡全力，但是嘴上還是會說：「我還不行。」這種心態固然是謙遜的美德，可是另一方面，我覺得當我們眞正用心努力過，不管是身體或心靈，都會希望聽到「做得好！」的讚美。

如果自己都無法肯定付出的這些努力，那不管再怎麼持續做，永遠都無法獲得自我認同。所以，儘管距離終點還有遙遠距離，每當站在分岐點上時，我都會稱讚自己，偶爾犒賞一下自己。

對我來說，最棒的犒賞就是旅行。假如無法成行，就買件新衣服、跟朋友一起到高級餐廳享用一頓美食等，這些事能讓我由衷開心，覺得努力有了回報。

選擇喜愛的方式休息

我很喜歡泡澡，在天色還亮的下午兩點泡在浴缸裡，會覺得這樣的時間眞是奢侈。這對我來說也是很棒的犒賞。能夠在白天就一邊泡澡一邊敷臉、讀著喜歡的書，再也沒有比這更幸福的事了。

我素來有「晴女」[1]之稱，公演日總是放晴，一到休演日就開始下雨。但是假日下雨我一點也不覺得遺憾，我總覺得這是上天在告訴我：「今天就不用再努力了！好好休息吧。」就像上天給我的犒賞一樣。

這種日子我可能會找間飯店的水療館，結束後在能觀賞庭園的咖啡廳欣賞雨景。想到可以穿上之前剛買的雨鞋去水療館，就覺得滿心期待。

1. 柚希禮音在團時，遇到公演日，天氣就會放晴，休演日或公演結束就又下雨，因此衆人爲她取了「晴女」的綽號，表示只要有她在，天氣就會很好。

和至親好友一起乾杯，放鬆心情

透過溫泉，接受天然能量

我非常喜歡可以洗去身心疲憊、讓人徹底放鬆的溫泉。其中我又特別喜歡充滿能量的自然湧泉。

我曾經跟一樣喜歡溫泉的朋友，一起當天來回九州泡溫泉。在那個泉質優良、宛如秘境般的溫泉裡，跟當地的婆婆媽媽們，自然地像朋友一樣聊天說笑，所有疲勞都煙消雲散，覺得全身都充滿了力量。

將來我希望能住在一個附近就有自然湧泉的地方，接收大自然的能量，過著充滿活力的生活。這是我暗藏心中對遙遠未來的夢想。

「千惠，歡迎回家！」

從寶塚退團後，有一段唯一的假期，我希望在去紐約之前好好享受日本風情，因此去了兩趟溫泉之旅。一次是跟喜愛溫泉的朋友一起去探訪秘湯；另一次是跟我母親到伊豆的三天兩夜之旅。

對母親來說，寶塚時代的我「雖然是自己的女兒、但更是大家的柚希禮音」，雖然偶爾會給我一些建議，但兩人之間仍有著遙遠的距離，我想她心裡一定很寂寞。

只有在退團公演的最後一場，我請母親坐在最前排中央的位子觀賞，問起她第一次在最前排看女兒表演的感想，也不知道是難爲情還是眞心話，她說：「太緊張了，我什麼都不記得。」

我跟母親在旅途中，面對面共進晚餐那一夜，母親舉起啤酒杯，對終於恢復本名、再次回歸女兒身分的我說：

「千惠，歡迎回家！」

當時那杯啤酒的美味，和母親燦爛的笑容，我想我一輩子也忘不掉。

明確區分公私時間，給自己充電的機會

好好睡一覺，隔天就能忘卻煩惱

工作特別辛苦的時期，或者心情沮喪的時候，大家都怎麼克服呢？我不會勉強自己非得提起精神，反而習慣一個人安靜地度過。這段時間我可能會待在家裡，跟愛犬俏可一起玩、看看攝影集，吃點好吃的食物，慢慢等待心情恢復。

面對自己，才更該讓沮喪的情緒降到最低點。如果沒什麼特殊狀況，通常這種情緒並不會拖延太多天。

好好睡一覺，隔天又能恢復那個開朗的自己。**「睡眠」就是最好的充電術。**

朋友，是無可取代的存在

另外，我還有一個充電法寶。

除了寶塚的夥伴之外，我也很珍惜老朋友。

假日時和與工作無關的高中同學一起喝茶聊天，耗上好幾個小時，感覺連心靈也獲得了徹底休息。共度青澀歲月的朋友們帶來的安心感，比什麼都珍貴。

排練完如果想聊聊工作上的事，我會跟寶塚的夥伴一起去吃飯；想要一個人靜靜待著，就迅速回家。像這樣明確區分公私時間，讓我的精神可以獲得平衡。

每個朋友的關係和距離感都不同，每一群朋友對我來說都是無可取代、不能缺少的存在。

改變房間的佈置，也能轉換心情

打造自己喜歡的空間

我很喜歡室內佈置，之前甚至還想過，離開寶塚之後要去考室內裝潢師執照，靠裝潢工作維生。

二〇〇八年我擔任寶塚Geo Tower這棟新建物的代言人時，負責規劃了一間樣品屋。

當時接到那個企劃眞的很開心，我還記得當時爲了營造出自己偏好的沉穩空間，很仔細地挑選了地板、窗簾和照明等。

改變自己房間的佈置時也一樣，哪怕只是在客廳這個有限空間裡更動家具擺設，光是想著要怎麼改，就覺得好有趣，我也曾經半夜突然有靈感，爬起來搬動桌子、沙發，替房間換上新風貌。

我的房間歷經了峇里島風和渡假飯店風，最近則是紐約現代風格。

被喜愛的音樂、電影、香氣包圍

由於從事舞台表演工作，私底下看的電影、舞台也都會挑選跟工作相關的題材，不過若單純是爲了娛樂而看，我自己偏好能讓人忍不住綻放笑容的愛情喜劇。

例如音樂劇電影《髮膠明星夢》，這是一齣很有趣的作品，描寫一個喜歡舞蹈的胖女孩如何贏得舞蹈節目的固定班底工作，創作出沒有種族歧視的節目，看了讓人獲得不少勇氣。

另外由提姆・波頓（Tim Burton）執導的《巧克力冒險工廠》，雖然沒有愛情的要素，也讓人看了滿心溫暖。

待在家裡，是我珍貴無比的時間。最近我經常會播放模仿潺潺河水聲的療癒音樂，再點起柑橘類等清新香氣的香氛，享受放鬆時光。

規律生活，以不變應萬變

平日的固定習慣，就是我的「護身符」

在寶塚時代，往往連續好幾天都要登台演出。維持固定的作息規律，對我來說非常重要。

如果一天有兩場公演，那天早上我最擔心的就是喉嚨的狀況。要緩和這種擔憂，靠的是每日培養的習慣。

每天早上我都在同樣時間內，進行發聲練習，在同樣時間梳整髮型，在同樣時間換上服裝，鞋子總是從左腳穿起。這些規律都固定不變，不輕易更動。

開演前如果這些一如往常的平靜準備，都跟昨天沒有兩樣，就能讓我像獲得護身符一樣安心，覺得今天也一定沒問題！

現在的我正在調整新的生活規律，不管身處什麼樣的環境，只要能擁有一套自己的生活規律，我覺得一定能夠腳踏實地走下去。

早餐，是能量來源

此外，建立規律的基礎，就是確實攝取早餐。

我的固定菜色是劇團餐廳裡的白飯、味噌湯，還有一道小菜，再加上納豆和乳製品，用最愛的白飯把肚子填得飽飽的，開啟一天的生活。

等到開始排練或公演，通常不知道什麼時候才能吃下一餐，能吃的時候不吃飽，根本撐不了一整天的工作。

所以，當時我每一餐都吃十二分飽。離開寶塚後我的吃法依然不變，結果一個月就胖了三公斤，這才急忙調整回來。

現在我總是提醒自己每餐八分飽，不過每天一定要喝一次味噌湯。只要早上能吃到白飯，就覺得莫名地有活力。

面對任何工作，都不能半調子

經歷十六年，仍未足夠

寶塚有句話叫做「男役十年」。意思是要成爲能獨當一面的男役，得花上十年時光。

不只是寶塚，在一般社會上的業務員、家庭主婦等，要能稱得上專業，至少也得歷練十年吧！

旁人看來，或許覺得扮演十年男役很辛苦，但實際上身處其中，我很訝異十六年寒暑竟然就這樣過了。

如果把這十年當成修練，咬牙忍耐，或許只覺得辛苦難熬。但是全心投入眼前每一項工作，每天從中發現樂趣，一步步往前走，其實並不會覺得時間漫長。

擬定計畫前進很重要，但是與其一直望向前方，我的個性更適合專注於現在的自己，努力活在當下。儘管已經過了十六年，我依然覺得有太多不足。

學海無涯，每次挑戰都要努力

還是低年級時，每當聽到老師和前輩說：「妳要再更努力。」有時我會暗在心裡反駁，我已經很努力了……。現在回頭看看，當時的我並沒有投注全副心神在舞台上。

舞台人儘管身穿華麗的服裝，一旦站上舞台，一樣赤裸裸。**一個人帶著什麼樣的心態面對表演，台下一覽無遺**。又過了一段時間，我才了解到，不能帶著半調子的心情面對舞台。

對自己的琢磨，並沒有終點。儘管做不到完美，願意投注一切去挑戰的精神才重要。我認爲這些累積都會塑造出自己的未來。

再辛苦，都別忘了笑容

疲累時，先把上進心放一邊

公演期間或者要挑戰新事物前，我總是有許多想嘗試的事，搞得自己手忙腳亂，心想「天啊，怎麼這麼忙！」

但是等到工作結束，突然之間會什麼事都不想做，完全沒有上進心。這種「零上進心」的日子，我什麼也不想，只想單純地悠閒享用佳餚美酒。

這麼一來，心裡又會蠢蠢欲動，想要挑戰的心情逐漸膨脹。

三百六十五天都持續繃緊神經努力並不容易。

如果覺得身心俱疲，就先把上進心放在一邊，回到原點問問自己：

「什麼才是我真正想做的事？」重新檢視一切的基礎。

當個有美麗皺紋的老婆婆

有一次，我無意間拿起小學的畢業作文，標題是「將來的夢想」。小學的我在上面寫著：「希望能當個芭蕾舞者。」

如果寶塚也有畢業文集，我想我應該會這樣寫：「我希望當個眼睛四周刻滿皺紋，看起來很可愛的老婆婆。」

有笑容的地方自然就能吸引美好的事物和氣息，當自己展露笑容，身邊的人也能覺得幸福。

有一段時期我總是一臉凶相，那時候的長相實在令人不敢恭維。眼角的皺紋，就代表過去的人生有過多少歡笑。

我希望能擁有一個笑容從不間斷的人生。

CHAPTER

05

實現夢想

「我就算努力也辦不到。」
或許不少人心中帶著這樣的想法。
假如從來不曾達到目標，
請不氣餒地嘗試，努力到成功爲止。
現在你以爲絕不可能的事，或許眞有實現的一天。

做好準備，面對每一次機會

在掙扎中掌握的「飢渴精神」

在我過往的人生中，可說是重複著「在寶塚學習、失敗之後反省、改變心境重新挑戰」這個過程。

我認爲如果想實現夢想，在這當中最重要的應該是「飢渴精神」。寶塚曾經有一段時期被吹捧爲千金劇團。學生優雅從容的氣質，正是寶塚的魅力之一。

不過我總覺得光靠這些似乎還少了些什麼，因此我從低年級時代就強烈感受到，**「沒有成長就沒有下個機會」**。

入團第十一年成爲首席時，我想起自己還是低年級時，在一次飯局席間，當時的星組首席男役麻路沙紀曾對我說的一句話。

「有一天妳可能會成爲首席，不過光當上首席並沒有意義。妳得好好想想，如何才能成爲有內涵的首席。」

當時我心想，這句話太重要了，便一直牢記在心裡，而當這句話逐漸化爲現實來到我眼前，我告訴自己：「既然有機會能當上首席，我希望能當一個除了有精湛舞台表演，也能建構人際關係、擁有充實內涵的首席。」

不過當時，這還只是個模糊的想法，我不知道該如何去具體實現。

在掙扎摸索中，我一步、兩步，緩慢地向前邁進，眞實感受到當上首席並非終點，而是「起點」，同時又產生了新的飢渴精神。

結束是新起點，不能停下腳步

我在寶塚時，從低年級時代就獲得不少重要角色的表演機會，但是當時的自己，實力並不足以演繹這些角色，每次公演我都在痛苦中掙扎。現在回頭想想，這都是値得感謝的經驗。

因爲有了這些經驗，我才能將不斷挑戰的精神深植體內，我也才能由衷相信，只要有心完成，任何事都難不倒我。同時，我更知道眼前的成果並非完成式，自己還有許多不足和欠缺。

不驕傲，虛心接受意見

心懷感謝、以禮相待

實現夢想第二件重要的事，我想應該是「仔細傾聽他人的意見」。

在我還不具備充分實力時，就被拔擢爲二番手男役。看到當時差點亂了方寸的我，一位從以前就深知我個性的前輩對我說了這句話，讓我再次體認感謝的重要。

「稻穗愈飽滿，頭垂得愈低呢，不是嗎？」

「我現在壓力這麼大，大家應該看得出來吧？」因爲這種自以爲是的想法，導致我欠缺對周圍的體貼，我也深深反省。

重新檢討自己對組員以及身邊所有人的言行舉止後，慢慢地，跟大家的關係也逐漸有所改善。

「感情再怎麼好，該有的禮節還是要遵守，收到朋友送的禮物要回電致謝，接到郵件及簡訊也要盡快回信。」

「就算時間還不確定，也應該說明現狀，告訴對方現在還在調整，請再稍等。」

這些都是母親經常告誡我的話。其實這些都是理所當然的禮儀，但是一忙起來往往很容易忽略。

我重新持續實行這些教誨，等到退團時，獲得的感謝比我自己所付出的要多上數千倍。

建立起信賴關係的這條路，是由許多小事累積而成的。

「我現在很辛苦，請多多體諒。」當自己心裡有這種想法時，別人不見得會體諒。

不過儘管辛苦，還是不能忘記對他人的感謝、注重待人的禮數，那麼將來對方的感謝，將會成倍成倍地還給你。坦承接受他人意見，由衷感謝，前方等著你的只有數不清的幸福。

接收各方的意見，並誠心道謝

在那之後，即使當上首席，我依然很期待聽到別人的意見。不管是老師、前輩、工作人員、粉絲，還是學妹。

能從各種不同方面獲得意見或忠告，可以發現自己思慮未及的部分，所以不管做到什麼程度，我都不曾覺得「這樣已經很好了」。我也非常重視給予我意見的人。對方特地提供意見，如果自己擺出一副抗拒的態度，那麼這個人往後大概什麼都不願意再說了。

對於能聽到別人給我的意見，我會帶著感謝之心向對方道謝：「非常謝謝您！」

這樣一來，對方往後如果還有什麼發現，也會願意再次提醒你。儘管只是極細微的小事，我一直都相當注重。

有多努力，夢想就有多近

機會只給準備好的人

接下來是第三點，實現夢想絕對不可或缺的就是「努力的力量」。能不能掌握運氣，都要看這個人以往累積了多少努力。我想在任何領域裡應該都是一樣的道理。

踏實累積每一件微小工作，總有一天，可以等到更大的機會。

為了回應這樣的期待，做好準備、充分發揮自己的能力，我平時總是埋頭認真練習。

每個人都能等到機會造訪。就算只是小小的機會，如果能藉此展現以往練習的成果，也有可能因此受到注目，讓人大讚「新星誕生」！

想要擁有這樣的機運，平常就要做好準備，以便面對隨時可能到來的機會。我在日常生活中經常看到難得拿到好角色，卻因爲沒有善盡準備、迎接好運，從此再也等不到下一次的例子。

聽起來或許嚴酷，但是只要換個立場站在提供機會的一方來看，也不難了解其中的理由。對劇團來說，提拔新人是一種冒險。假如眞正站上舞台後發現事前的期待以失望告終，爲了維持作品的品質，下次只好把角色讓給其他已經靠實際成績建立起信賴關係的人。

平時很少練習，只有拿到角色才拚命排練，也很難有理想的結果。

在這當中，很多人經常感嘆自己缺少機運。但這都只是誤解，其實機會早就來過，只是自己沒有好好把握而已。

重達十五公斤的首席羽飾

羽飾的重量，等於責任的重量

當上星組首席後，我在歌舞秀尾聲背的那套羽飾，重量大約有十五公斤。第一次背上時，那重量出乎我的意料，也不懂得該怎麼穿，在舞台上只要稍微有風吹動，就會忍不住腳步搖晃。

後來我知道可以在羽飾和背後之間塞個小軟墊，找到理想的固定位置，才輕鬆了一些。

長達三小時的舞台表演最後，也就是身體達到疲勞頂點時，我必須背上這套羽飾，再從大階梯的最上層出場，這就表示我在舞台後方得先爬上階梯。儘管在快速後裝後有兩位服裝部工作人員會迅速協助我穿上羽飾，但時間還是很吃緊。

我背著十五公斤的羽飾，一步跨上兩階衝上大階梯，帶著要完成最後重要使命的心情，出現在觀衆面前。

大家常說，首席背負的羽飾重量，就等於「首席責任的重量」。

那確實是一份得帶著這種心態來承擔的重量。

寶塚時代我從來沒做過重量訓練，但是每天三小時的長時間持續公演，本身似乎就是一種訓練。除了最後必須背負羽飾外，還要抱起娘役轉圈，也會運用到大量的背肌力量。

退團之後爲了調整身體狀況，我開始接受訓練，一開始測定肌力時，發現我的背肌強度跟腹肌相比要高出許多。

因此我跟教練討論，希望把只達到平均值的腹肌，提高到跟約有平均值兩倍的背肌相同水準。我目前鍛鍊身體的目標，就是希望讓腹肌也能跟上男役時代鍛鍊起的無敵背肌。

用努力，存出實現夢想的能力

不放棄，試到成功為止

在寶塚歌劇團的十六年間，我在技藝上的學習，就是不斷重複著「試到成功爲止」。

低年級時代原以爲自己絕不可能唱出來的音域，因爲每天練習到天亮，也終於能唱出來；本來很不擅長的戲劇，隨著不斷練習，也漸漸開始能享受演戲的樂趣。

邁入中堅時期後，遇到許多讓自己也害怕「我眞的能辦到嗎？」的挑戰，但我逐漸學會只要不顧死活咬牙練習，一定能過關。更何況，達成目標時能換來莫大的喜悅，這又讓我對下次挑戰蠢蠢欲動。

原本看來無法跨越的障礙，卻在眞正克服時贏得喜悅和成就感。我可以說就是爲了嘗到這種滋味，才認眞投入練習。

我在寶塚懂得何謂「努力之後的喜悅」，所以才能如此努力不懈。

「我就算努力也辦不到。」或許有人心中帶著這樣的想法。我覺得可能是努力還差那麼一點點，離達到目標只需要再多跨出一小步，但是卻放棄了努力。

假如從來不曾達到目標，確實會覺得這番努力很辛苦。

請各位就當被我騙一次，不氣餒地嘗試，努力試到成功爲止。

現在你以爲絕不可能的事，或許眞有實現的一天（這些話送給大家，其實也是說給我自己聽的）。

把努力變成圓夢的助力

寶塚時代的我，總是全心投注在眼前的事上，確實體會每一小步帶來的成果，從中獲得喜悅。

在這段過程中，我也並非每天都帶著「要實現夢想！」的心態來面對。我想，應該是過往一個又一個的經驗，不知不覺中成爲實現夢想所需要的一部分，漸漸累積在我身上，最後才終於轉換成璀璨光亮的龐大力量吧！

莫忘最初時，埋頭努力的精神

此生的另一個心願

二〇〇九年就任星組首席時，劇團便告訴我，希望我能協助二〇一四年時，寶塚創立百年的相關慶祝活動。

直到這值得紀念的一年順利結束之前，這六年來我全心專注於首席的工作。

這段期間偶爾會想到退團後的人生，但是對當時的我來說，寶塚就是人生的全部，我眞的不知道離開後自己能做什麼。

我並不認爲自己能往演藝圈發展，結婚也不是我眼前的選項。

那不如退團之後開間芭蕾教室吧？就在我遲疑地盤算時，突然想起高中時代曾經有過的美國芭蕾留學夢。

「現在除了寶塚以外，這輩子最想嘗試的，或許就是到美國去學英文，重新從零開始學舞，站在國外的舞台上吧……。」

那怕只有一年也好，我希望能到紐約去學英文，參加舞台選秀。我開始產生強烈的願望，就算小配角也無所謂，我想挑戰百老匯的舞台。

充滿飢渴精神的城市——紐約

還在寶塚的時候，我偶爾會到紐約去看戲、練歌、上舞蹈課，這都讓我回想起以前跳芭蕾的那個嚴酷世界。

寶塚當然也是個嚴酷的世界，不過在寶塚裡，還有基於嚴謹上下關係所形成的禮儀。這跟海外舞者即使要把別人踩在腳底下、也要奮力往上爬的嚴酷又完全不同。

置身於紐約這充滿飢渴精神的空氣中，我回想起剛開始學芭蕾時，

THOMSON REUTERS
REGAL
REGAL
THE RIDE
TUSSAUDS
MODEL
EMPIRE
THEATRES

那不顧一切、埋頭努力的感覺。

另外我也察覺到，自己的舞蹈技巧看在專家眼中根本還不成氣候。我希望能進入一個沒有周圍吹捧的環境，所以到紐約時，我總喜歡參加比進階更困難的「超進階舞蹈課程」。

來上超進階課程的學生，幾乎都是指導專業舞者的老師。在這當中程度最差的我老是跟不上大家，總是顯得手足無措。

不安於現狀，勇於挑戰

意外的邀約

即將退團的二〇一四年冬天，我偶然獲得邀約，探詢我是否有意願參與百老匯重鎮哈洛德．普林斯（Harold Prince）執導的《百老匯王子》。

透過寶塚，我很幸運地獲得了幾樁退團後的工作提案。不過我作夢也沒想到，竟然有機會能跟哈洛德．普林斯導演共事。

哈洛德．普林斯導演過去製作、執導過《歌劇魅影》、《艾薇塔》、《酒店》、《蜘蛛女之吻》等許多音樂劇名作。

《百老匯王子》將由哈洛德導演本人親自執導，從二〇一五年十月起，領先世界率先在日本首演。

這個時程跟我已經訂下的退團時期也十分吻合，如此千載難逢的絕佳時機，讓我深深感到這簡直是命中注定的機緣。

展現自己的挑戰精神

不過，到底該不該接受邀約，其實我心裡相當煩惱。

從幾乎不會說英文的狀態開始，短短幾個月的時間，我真的能成功地用英文來表現出角色情感、傳遞心意嗎？

另外，許多前輩退團後的第一場舞台表演多半擔綱主角，而在《百老匯王子》這集錦形式的作品中，所有演員都等同主角，選擇這樣的作品當作退團後的第一個舞台，會不會讓我的粉絲失望？

我向來認爲舞台是由觀衆所打造的，這樣想來，或許應該挑選能挑大梁主演的作品才對……。

讓我不安的成因實在太多，一想起來就沒完沒了。但是我心裡覺

得，如果老是想守住以往的光榮紀錄、害怕改變，那一定無法前進。面臨新挑戰肯定會遭遇難題，就算觀眾覺得「還是以前比較好」，我還是很想接下這個挑戰。

「妳勇於挑戰的身影給了我力量。」還在寶塚時，曾經有觀眾這麼對我說。而這次跟海外演員站在同一個舞台，展現出自己奮力挑戰的姿態，我想一定有其意義。

幾經煩惱，與其當個追求保守安全的柚希禮音，就算可能失敗、可能遭到批判，我還是覺得應該展現出自己勇於挑戰的樣子，下定決心參與這次演出。

只要努力，好運就會降臨

如果我在高中時代，便實現了芭蕾留學的夢，或許就不會有機會接到這份工作吧。

從今以後即將開展的第二人生，都是多虧了以往的寶塚人生中，除了技藝之外學會的許多事，才得以獲得這樣的機會。

在寶塚的歲月中，我一心只想著該如何盡力做好份內的工作，等到時機成熟退團時，還有機會能獲得高中時一度放棄、挑戰美國舞台的夢想，眞的覺得自己相當幸運。

放下先入為主的抗拒

和男役融為一體的柚希禮音

剛進寶塚時，我試圖從外在形式來表現男役，卻不得其門而入。漸漸學會應該從心揣摩，簡單直接地表演，這才感受到演出男役的樂趣。

等到我不再過度意識到男役的樣子時，在自己心裡，柚希禮音開始跟男役合而為一。

接著，我開始在「REON !!」音樂會中，表露出原本自己不那麼帥氣的部分，也偶爾以本名千惠出現，首席時代的後半，柚希禮音開始呈現相當不可思議的樣貌。

有些男役會把角色與現實中的自己清楚區隔，但是我卻不一樣，在我心中，柚希禮音和男役，甚至本名千惠的這個我，都合爲一體。

退團之後我一度擔心，「到底該怎麼辦才好？」

這並不是重新穿起十六年來我在私人時間也從未穿過的裙子，就能解決的問題，我也並不希望馬上讓服裝和髮型變得更有女人味。

環顧世間，現在也有很多愛穿褲裝的女性朋友。

雖然知道今後如有需要，我可能得換上有女人味的裝扮，但是我決定不要硬逼自己快速改變。等到下次排練開始，說不定我可以透過角色慢慢地變化。我也很期待看到這樣的自己。

發揮寶塚時代的所學

今後，我或許會以女演員的身分繼續表演，但是我並不打算斬斷跟寶塚時代的連結，脫胎換骨當個女演員。

我希望能珍惜以往孕育出來的柚希禮音，活用寶塚時代所學，也積極吸收新事物。

就如同寶塚時代，我無法預測前路如何發展一樣，現在的我，還不覺得自己是個女演員。不過或許我能在哈洛德導演的作品中，透過這個角色學習怎麼扮演女性，等我回到日本，心情可能也會有所轉變。

以前我總覺得自己不可能演電視連續劇或電影。但是假如時候到了，能在適當的時機獲得機會，我也有可能去挑戰。

說實話，我還真不知道將來的自己會變成什麼樣子，所以我並不會自我設限：「不可能，這我絕對辦不到。」

我只想隨著自己的心意走下去。

不分國界，用「心」傳達表演

與頂尖演員同台競演

《百老匯王子》是一齣由哈洛德導演經手過的作品知名樂曲和場景，串連起美國音樂劇歷史和哈洛德導演前半生經歷的音樂劇。

我在作品中扮演立志進入百老匯的女性Reon，在戲中搭配「百老匯寶貝」這首曲子表演蘇珊・史托曼（Susan Stroman）的編舞，也需要用英文唱歌。

我預計要扮演《失魂記》中的性感魔女蘿拉，以及《蜘蛛女之吻》中的蜘蛛女。每位演員都各自負責某一段落並擔任該段的主角，也會在其他段落中搭配演出。

跟我共同演出的有在《歌劇魅影》中飾演克莉斯汀的凱莉・安・胡伊斯（Kaley Ann Voorhees），及以《悲慘世界》裡尙萬強一角入圍東尼獎最佳男主角獎的拉明・克林魯（Ramin Karimloo）。另外還有二〇一五年入圍東尼獎最佳男主角獎，現在仍然備受矚目的湯尼・亞茲貝克（Tony Yazbeck）等，都是活躍於現今百老匯舞台的一流演員。

能跟他們一起演出，一定有許多值得學習的地方，我也很期待自己的加入能激發出新的火花。

超越語言，用心貼近角色

劇中哈洛德導演這個角色的聲音，將由與哈洛德私交甚篤的市村正親獻聲演出，不過我將是唯一出現在舞台上的日本演員。

我想觀衆光是看到這精彩的演員陣容，想必就已十分感動了吧！

在日本首演的作品，作爲唯一一位登台演出的日本人，我想在這日本人對日本人的交流中，自己能做到的就是「用心傳達」。

學習新的技術、扮演女性、語言的障礙，未來還有許多我該面對的問題。

即使已經不再是寶塚女孩，我依然會努力，讓熱愛表達的「我的心」，能與「角色的心」更拉近距離。

將無法抹去的不安，當作原動力

未曾試過的歌舞經驗

十六年來，我一直站在寶塚舞台上，不過在《百老匯王子》中，所有的歌舞都跟以往不同，我又回到到如同白紙的狀態。

男役發聲的音調幅度大致固定，有些表演可能會調整爲比平常更高的音調，但頂多也是半音或一個全音。

在《百老匯王子》這齣戲中，實際用到的音域只到男役的音調，不過如果用稍微高一點的音調，唱起同一首曲子也會呈現很不一樣的印象。除了活用自己低沉的聲音，我也想逐漸挑戰高一點的聲音，所以一直練習到比男役音調高很多的音域才停止。

不用男役的低沉粗聲來練習發聲，對我來說是相隔許久的體驗。感覺上就像在寶塚音樂學校第一年的預科時代學發聲一樣，有好多陌生未知的狀況。

爲了勝任男役，十多年來刻意壓低的聲音，不可能靠半年或一年的課程就拉高。從前我也是靠著每天的發聲練習，才慢慢把聲音壓低，同樣地，現在我也要一邊回想發出高音的方法，一點一點地以發出更高的音爲目標來努力。

在舞蹈方面，飾演男役時如果完全伸展開身體，看起來就不太像男人，所以我總會在快要伸展到底前煞車，也習慣了這種男役的跳法。因此，我也希望再次從古典芭蕾練起，學會能順暢舒展身體的新跳法。

因為不安，才能成長

面對比寶塚經驗更高的難關，我心中有九成不安、一成期待。

其實還沒退團時，我也一直是這樣。

不管是武道館演唱會、退團公演，我心裡永遠充滿不安，所以我總是得面對這個一如往常懷抱著滿肚子不安的自己。

不過在寶塚時代我已經學會，因爲有這份不安，我才有成長的空間。**要是心裡充滿自信，就無法進步**。

有了不安，反而讓我安心，要是沒了這些不安，眞不知該怎麼辦。現在雖然心中滿是不安，不過我也期待自己最後能跨越語言的障礙，把從寶塚時代以來一直重視的心意傳遞出去。

回到單純的自己

抬頭挺胸的私生活

說來有趣，從寶塚畢業之後，反而經常有人在街上跟我搭話。

畢業後兩三天，回到只有自己的生活，卸下肩頭重責，有種終於解放的感覺。可是每當路上有人跟我搭話時，都會提醒我，儘管已經退團，我的言行舉止依然會被冠上「那個人以前是寶塚首席」的前提。

離開長久照顧我的寶塚世界，現在的我確實比以前自由，但是對於這個可能要跟著我一輩子的頭銜，直到最後我都得負起責任。

我心想，即使在私生活領域中，也要活得抬頭挺胸、無愧於人，不能有一絲鬆懈。

二〇一五年九月開始舞台劇的排練之前，我即將赴紐約上語言學校、接受聲音訓練，做好萬全準備。

要離開十幾年來相伴的愛犬俏可，沒有支持我的粉絲俱樂部代表和經紀人在身邊，一個人的生活雖然有許多不安，但也有不少期待。

獲得充實的工作機會、永遠在許多人包圍下的寶塚生活中，來往劇場有人接送，也經常能收到贈花，充滿值得感謝的點滴。現在，我想將這關懷備至的環境歸零，體驗一下簡單的生活方式。

回歸自己的紐約生活

在紐約，我希望能好好面對自己，連挑個食材可能都會站在超市苦惱：「今天該吃哪種蔬菜好？」

我想自己買花回來裝飾，盡量自己下廚，好好生活。已經好久沒有二十四小時都只爲自己而過的日子了。

在紐約，沒有人知道我是誰。

恢復本名，拋開一切之後，會看見什麼樣的自己？經過這段一個人獨處的時間，我希望回到日本的時候，不僅是個更成熟的表演者，也是一個更成熟的人。

結語

勇於挑戰，是實現夢想的第一步

小時候，我對自己的大手感到很自卑。

不過，後來我進入一個能讓自己的大手、高個子發揮最大能力的世界，一個能接納、認同這個滿是自卑的我的地方。

那就是我跟「寶塚」的相遇。

從外表看來，寶塚或許是一個燦爛如夢的世界。

進來之後才知道，這是懷抱信念和目標的學生們用心練習，把寶塚當成生命的全部，等同於青春的地方。

擁有夢想固然是好事，但是這個無法光靠夢想走下去的嚴酷環境，也是讓寶塚女孩日漸成長、成熟的地方。

就像人們會因爲運動員激烈對決而感動一樣，寶塚的美麗舞台之所以能擄獲許多觀衆的心，正是因爲每場演出都是所有寶塚人認眞投入的激烈對決。

我非常喜歡寶塚這種嚴格壓力下誕生的美麗。

在無法光靠夢想就生存的寶塚世界，爲了實現夢想，我常問自己，「付出過哪些努力？」

答案或許有很多，但是追根究柢，或許可以歸結爲誠實面對「眼前每一件事」。不管是小細節或是大挑戰，只要每天孜孜矻矻，就能看到慢慢成長的自己，眞的很令人開心。

「昨天原本不會的事，今天又進步了一些，下次再嘗試其他的挑戰吧！」克服出現眼前的各個關卡，一扇一扇打開下一道門，不知不覺中，我已經從寶塚畢業。

一回首，我的手心裡已經緊抓住高中時一度放棄的遠大夢想——站在海外的舞台上。

想要比以前更努力，想挑戰新事物。這種時候每個人都會有不安和恐懼。

但是請各位相信我一次，勇敢邁出步伐吧！

或許一次的挑戰無法換來成功，但是跨出這一步，自己一定能有所

改變，逐漸累積起堅定的自信。

以往害羞內向，站在人前發表總是哭喪著臉的我，就是這樣一步一步走來，如今才能昂然站上舞台。

歷經錯誤和嘗試後，你會更愛自己

離開日本後，我不知道今後的自己會有什麼發展。

但是，如同我過去在寶塚舞台上抱著「一定要做得更好！」的精神，不斷展現出當下最大的努力，現在只要我一樣認眞面對《百老匯王子》的表演，我相信等到結束的時候，一定能看見新的目標。

三六五天，只爲了寶塚而活的日子裡，學習角色、學習表演的一切，都跟做人做事的成長道理相通。

在寶塚的生活中，也經歷過許多不同形式，讓我了解在組織中建立起良好人際關係的重要性和困難度。

就算不是管理者、領導人，只要活在這個社會上，都需要與價值觀不同的人彼此了解、交流，或者妥協忍讓。

在歷經錯誤和嘗試之後，我終於能眞正喜歡自己、肯定自己，也包含自己奇怪的地方，然後繼續往前走。

現在爲了工作或人際關係而煩惱的朋友，如果讀了本書之後願意肯定自己、喜歡自己，開始覺得：「明天起我要往前再跨一步！」

那將是我無上的喜悅。

柚希禮音　於紐約

HEART
心視野　心視野系列 009

實現夢想的 5 種努力

夢をかなえるために、私がやってきた 5 つのこと

原　　著　柚希禮音
譯　　者　詹慕如
總 編 輯　何玉美
副總編輯　陳永芬
美術設計　蕭旭芳
內文排版　菩薩蠻數位文化有限公司

出版發行　采實出版集團
行銷企劃　黃文慧
業務發行　張世明・楊筱薔・鍾承達・李韶婕
會計行政　王雅蕙・李韶婉
法律顧問　第一國際法律事務所　余淑杏律師
電子信箱　acme@acmebook.com.tw
采實粉絲團　http://www.facebook.com/acmebook

ISBN　978-986-93030-8-8
定　　價　360 元
初版一刷　2016 年 7 月
劃撥帳號　50148859
劃撥戶名　采實文化事業股份有限公司
104 台北市中山區建國北路二段 92 號 9 樓
電話：（02）2518-5198
傳真：（02）2518-2098

國家圖書館出版品預行編目資料

實現夢想的 5 種努力／柚希禮音作；詹慕如譯 .
-- 初版 . -- 臺北市 : 采實文化 民 105.7
面；　公分 . --（心視野列 ; 9）
譯自 : 夢をかなえるために、私がやってきた５つのこと
ISBN 978-986-93030-8-8（平裝）

1. 自我實現

177.2　　105007447

采實出版集團
ACME PUBLISHING GROUP

廣告回信
台北郵局登記證
台北廣字第03720號
免貼郵票

采實文化 ACME PUBLISHING 采實文化事業股份有限公司

10479台北市中山區建國北路二段92號9樓

采實文化讀者服務部　收

讀者服務專線：(02) 2518-5198

實現夢想的5種努力

從自卑內向到站在舞台頂端，

柚希禮音如何克服挑戰，成為寶塚傳奇？

夢をかなえるために、私がやってきた5つのこと

實現夢想的 5 種努力

讀者資料（本資料只供出版社內部建檔及寄送必要書訊使用）

❶ 姓名：

❷ 性別：□男　□女

❸ 出生年月日：民國　　年　　月　　日（年齡：　　歲）

❹ 教育程度：□大學以上　□大學　□專科　□高中（職）　□國中　□國小以下（含國小）

❺ 聯絡地址：

❻ 聯絡電話：

❼ 電子郵件信箱：

❽ 是否願意收到出版物相關資料：□願意　□不願意

購書資訊：

❶ 您在哪裡購買本書？□金石堂（含金石堂網路書店）　□誠品　□何嘉仁　□博客來
□墊腳石　□其他：　　　　（請寫書店名稱）

❷ 購買本書日期是？　　年　　月　　日

❸ 您從哪裡得到這本書的相關訊息？□報紙廣告　□雜誌　□電視　□廣播　□親朋好友告知
□逛書店看到　□別人送的　□網路上看到

❹ 什麼原因讓你購買本書？□喜歡寶塚　□被書名吸引才買的　□封面吸引人
□喜歡柚希禮音　□其他：＿＿＿＿＿＿＿＿（請寫原因）

❺ 看過書以後，您覺得本書的內容：□很好　□普通　□差強人意　□應再加強　□不夠充實
□很差　□令人失望

❻ 對這本書的整體包裝設計，您覺得：□都很好　□封面吸引人，但內頁編排有待加強
□封面不夠吸引人，內頁編排很棒　□封面和內頁編排都有待加強　□封面和內頁編排都很差

寫下您對本書及出版社的建議

❶ 您最喜歡本書的特點：□圖片精美　□實用簡單　□包裝設計　□內容充實

❷ 看完本書後，您的感想是？

❸ 如果有機會，會希望我們出版哪一類型的相關書籍？

寄回函，抽限量簽名板！

將讀者回函填妥寄回，
就有機會得到限量空運來台
〔柚希禮音簽名板〕

活動截止日期：2016/9/15
得獎名單公布：2016/9/22
請至采實粉絲團查詢
https://www.facebook.com/acmebook